孙子兵法

（附汉简本）

（春秋）孙武 著

余日昌 译注

凤凰出版社

图书在版编目（CIP）数据

孙子兵法：附汉简本 / （春秋）孙武著 ；余日昌译注. -- 南京：凤凰出版社，2024.5
ISBN 978-7-5506-4080-1

Ⅰ.①孙… Ⅱ.①孙… ②余… Ⅲ.①《孙子兵法》—译文②《孙子兵法》—注释 Ⅳ.①E892.25

中国国家版本馆CIP数据核字(2024)第002679号

书　　　名	孙子兵法(附汉简本)	
著　　　者	（春秋）孙武 著　 余日昌 译注	
责 任 编 辑	孙思贤	
装 帧 设 计	陈贵子	
责 任 监 制	程明娇	
出 版 发 行	凤凰出版社(原江苏古籍出版社)	
	发行部电话 025-83223462	
出版社地址	江苏省南京市中央路165号,邮编:210009	
照　　　排	江苏凤凰制版有限公司	
印　　　刷	江苏凤凰扬州鑫华印刷有限公司	
	江苏省扬州市江阳工业园蜀岗西路9号,邮编:225008	
开　　　本	850毫米×1168毫米　1/32	
印　　　张	9	
字　　　数	202千字	
版　　　次	2024年5月第1版	
印　　　次	2024年5月第1次印刷	
标 准 书 号	ISBN 978-7-5506-4080-1	
定　　　价	48.00元	

(本书凡印装错误可向承印厂调换,电话:025-68037411)

孙武像

十一家註孫子卷上

計篇

曹操曰計者選將量敵度地料卒遠近險
易計於廟堂也○李筌曰計者兵之上也太一遁甲
計神加德宮以斯主客成敗故孫子論兵亦以計為篇
○杜牧曰計算也計算兵之五事所謂道天地
將法也於廟堂之上先以彼我之五事所計較
勝負篇首耳○王晳曰計者謀計先定於內而後兵
幸寶劉也○張預曰管子曰計先定於內而後兵
廟堂者何也以計為首也○賈愚敵之強弱地之
安得不先計之及乎而軍相臨然後
應則在於將之所裁非可

孫子曰兵者國之大事
　　　　　　　　　　　　　我杜牧曰傳曰國之大事在死與
　　　　　　　　　　　　　張預曰國之安危在兵故

死生之地存亡之道不可不察也
者實先務於此矣是以重之恐人輕行者也○李筌
之存凶器死生繫於此矣○杜牧曰地猶所也言
之存云人之死生皆由於兵故須審察之○賈林曰
陳師授賊戰陣之地得其利則生失其便則死故曰
權機立勝之道得之則存失之則亡是以不可不察也
者輔而固之有云道者推而亡之○梅堯臣曰死
存云則國之存亡○王晳曰兵舉死生之勢以此
於此則國之存亡死生之地存亡之道不可
生在勝負之地而慎審察不可不察也○張預曰民之
死生兵之勝負國之存亡繫於此故須審察之

以五事校之以計而索其情
曹操曰同謀○李筌
　　　　　　　　　　　　　　　　　　　　　求彼我之情也○杜
曰謂下五事也校量計遠近而求勝負○杜牧曰
經度也上所謂五事也以計計量之情也○王晳曰
者搜索也計也情也彼我之優劣計算校量
計算之得失然後始可搜索彼我勝負之情狀○賈林曰校量我

目　录

序一：孙子之道

一、"孙子"与《孙子兵法》源流

中国古代军事史上曾经有两位著名的军事理论家，他们都被尊称为"孙子"。其中，一位是生活在公元前六世纪、与孔子同时代的春秋齐国人孙武，因为当年被吴王封为吴国的将军，故有"吴孙子"之称；另一位则是与孟子同时代的战国齐国军师孙膑，故一般被称为"齐孙子"。

两位"孙子"都勤于耕著兵书，《史记·孙子吴起列传》中对"吴孙子"和"齐孙子"都有所记载。为了区别，《汉书·艺文志》记载为："《吴孙子兵法》八十二篇。图九卷。《齐孙子》八十九篇。图四卷。"

本书所讨论的《孙子兵法》主要指"吴孙子"孙武的兵法思想。《孙子兵法》又被称为《吴孙子兵法》《孙武兵法》，简称《孙子》。

孙武，生于春秋齐国。孙武的先祖是陈国公子完，因内乱逃到齐国，受到齐桓公的器重，担任了管理百工的正工之职。因"陈"与"田"在古代音同义通，所以，公子完在齐国改称田完。孙武的祖父田书是田完的五世孙，因伐莒有功，齐景公就将乐安（今山东惠民）封给了他，并赐姓孙氏。后来，齐国内部田、鲍、国、高四大贵族争斗，孙武避祸而流亡到了吴国，隐居吴国多年。

后来，在伍子胥的推荐下，孙武晋见了吴王阖庐，呈上他的兵法十三篇，令吴王大为叹服。这是《孙子兵法》第一次面世。按照吴王要求，孙武当场训练一百八十名宫中嫔妃，以示兵法。孙武三令五申之后，见嫔妃宫女仍然大笑不已，便按军令法纪杀了分别担任两队队长的吴王宠姬。这样一来，立即整肃了纪律。于是，吴王相信孙武可以治军，便擢为将军。之后，孙武用他卓越的军事才华为吴国的称霸立下了赫赫战功。对此，司马迁在《史记·孙子吴起列传》评价这段史实称："西破强楚，入郢，北威齐晋，显名诸侯，孙子与有力焉。"

由此可见，孙武不仅是位军事理论家，他还是一位能领兵打仗的将军，《孙子兵法》也许成书于他被擢将军之前，但它的理论经过了战争实践检验，这就是《孙子兵法》的实用价值所在。

《孙子兵法》版本众多，据统计，至今大约有四百种。现在最早的版本是在山东银雀山出土的汉代竹简本；其次是现存于日本的樱田古本《孙子》，学者考证这个版本为唐初写本。重要的刻印本有宋本《武经七书》和宋本《十一家注孙子》。前者现藏于日本东京静嘉堂文库，中日学者考证为南宋孝宗或光宗时刊本，《续古逸丛书》收有此书的影印本。后者为南宋宁宗时刊本，现存世三部：当时的北京图书馆（现为中国国家图书馆）藏有一部足本与一部残本，上海图书馆藏有一部残本。1961年中华书局上海编辑所据上海图书馆藏残本并补以北京图书馆本影印出版，1962年又出版标点本。清代孙星衍所编著的《平津馆丛书》中收入了影宋本《魏武帝注孙子》，有的学者认为此本所据底本是最古的注本，具有重要价值。

《孙子兵法》全书结构分成十三篇。司马迁曾说："世俗所称师旅，皆道《孙子》十三篇。"看来，《孙子兵法》自古至今就是十三篇，没有什么改动。

北宋元丰年间，宋神宗重视兵典，下诏校定《孙子》《吴子》《司马法》《尉缭子》《六韬》《三略》和《李卫公对问》，并且修订成武学经书，《孙子兵法》便由此成为官方典籍，并被列为《武经七书》的首编。

《孙子兵法》的前六篇主论战略问题，后七篇主论具体战术。也可以这样分类：《军形篇》以前四篇论述的是战争环境背景，阐述的是战争准备的理论，《兵势篇》以后的诸篇谈论的是战争的具体实施方法和策略。全书结构严谨，逻辑清楚，自成体系。

对于《孙子兵法》，后人争相注评。其中影响最大的是十一家注本，一般认为它源于《宋史·艺文志》著录的《十家孙子会注》，由吉天保辑，注家包括魏武帝曹操，南朝梁代孟氏，唐代杜佑、李筌、杜牧、陈皞、贾林，宋代梅尧臣、王晳、何延锡和张预。十一家注本为宋本，原藏于私人，秘不示人，中华人民共和国成立后才得以公开，它比谈恺的校注本和孙星衍的校注本更为善全。

《孙子兵法》是我国古代著名的军事著作。问世以来，就成为军事家的必读书籍。不仅如此，《孙子兵法》的指导意义，更是超出了军事作战范畴，对政治、经济、人生等方方面面都有很大指导作用，所以才能历久而弥新。成书两千多年来，《孙子兵法》的影响越来越广，成为中国乃至于全球都家喻户晓的兵法奇书。

《孙子兵法》是世界上现存最古老的兵书，比克劳塞维茨的《战争论》还要早了两千多年，在世界军事理论史上占有突出地位，享有极高声誉，被推崇为"兵学圣典""东方兵学的鼻祖""武经的冠冕"。学界将《孙子兵法》列入"世界三大兵法奇书"，甚至有人称其为世界第一兵书。

《孙子兵法》是我国古代灿烂文化的一份宝贵遗产，成书之后就流传开来，传抄翻刻者历代不断，版本众多，据粗略统计，中国历代注解批校《孙子兵法》者有二百一十家，各种版本近四百种。我们今天所能看到的最早《孙子兵法》版本是1972年在山东临沂银雀山汉墓出土的银雀山汉简本，属于抄本。《汉书·艺文志》记载《孙子》："八十二篇。图九卷。"清朝学者毕以珣在《孙子叙录》中指出，八十二篇中，十三篇以外的六十九篇都是孙武佚文或者是后人附益。

第一个为《孙子兵法》十三篇作注者是东汉末年军事家曹操，后世的传本，基本上是曹操定型后的版本。据说，曹操在整理十三篇的同时，把其余六十九篇另编为《续孙子兵法》两卷。因为《续孙子兵法》六十九篇本已经失传，所以引起了学界的一些误会，以为这是曹操刻意删削提炼，破坏了《孙子兵法》的本来面目。以至于有人公开否认《孙子》是孙武所著，或认为孙武与孙膑是一个人，《孙子兵法》与《孙膑兵法》是一本书，还有人认为是曹操假托孙子之名，自著了《孙子兵法》。直到银雀山汉墓《孙子》与《孙膑兵法》的同墓出土，人们发现银雀山汉简本与后世十三篇内容大致相同，表明曹操所作的注解完全忠实原著，才平息了这些学术争论。所以，今天看到的《孙子兵法》与孙武原著相差不大。

二、《孙子兵法》要义

今存《孙子兵法》十三篇，约六千字。其内容大略为：

《计篇第一》，主要论述了谋划战争的重要性，提出应当通过战略运筹和主观指导能力分析，预见战争胜负。为此提出了"五事""兵者，诡道也""攻其无备，出其不意"等军事原则。

《作战篇第二》，主要讨论了物力、财力、人力与战争的关系，提出了"兵贵胜，不贵久"的速胜思想和"因粮于敌"的原则。

《谋攻篇第三》，主要论述了"上兵伐谋"的"全胜"思想，揭示了"知彼知己，百战不殆"的著名军事规律。

《军形篇第四》，主要论述了正常形势及与它相适宜的作战方式。这些作战方式能够使自己立于不败之地，或者乘敌之隙战胜敌人，从而达到保存自己、消灭敌人的目的。

《兵势篇第五》，主要论述了以军事实力为基础，如何正确实施作战指挥，通过灵活地变换战术和正确地使用兵力，以造成锐不可当的对我有利态势。

《虚实篇第六》，主要论述了作战指挥中要"避实而击虚""攻其所必救""因敌而制胜"，要用"示形"欺骗敌人，调动敌人，而不被敌人牵制。

《军争篇第七》，主要论述了争取战场的主动权，提出了"兵以诈立，以利动，以分合为变""避其锐气，击其惰归"等军事原则，揭示了"以迂为直，以患为利"的辩证思维方式。

《九变篇第八》，主要论述了如何根据各种战场情况去灵活运用军事原则，提出了"必杂于利害""君命有所不受"的思想。

《行军篇第九》，主要论述了行军、宿营和作战的组织指挥及如何利用地形地物、侦察判断敌情。

《地形篇第十》，主要论述了作战地形的种类及其与作战方式之间的关系、在不同地形条件下的行动原则，提出了"视卒如爱子"的观点。

《九地篇第十一》，主要论述了十几种不同的作战地区及其用兵原则，提出了"兵之情主速，乘人之不及，由不虞之道，攻其所不戒"的突然袭击作战思想。

《火攻篇第十二》，主要论述了火攻的种类、条件和实施方法，提出了"主不可以怒而兴师，将不可以愠而致战"这一至理名言。

《用间篇第十三》，从实战角度论述了使用间谍的重要性及各种间谍的使用方法，提出了先知敌情"不可取于鬼神""必取于人"的朴素唯物主义观点。

总而言之，《孙子兵法》篇幅不长，但辞约义丰，高屋建瓴，不仅构筑了中国军事理论的框架，更能从字里行间看出其对国计民生与军事关系的高度重视。它十分强调政治、经济在战争中的作用；它重视人事，反对天命，不信鬼神；它含有弱生于强、强生于弱的矛盾转化思想，"在利思害，在害思利"的辩证分析的思想，以及"兵无常势"的发展变化思想等。

在起兵征战方面，《孙子兵法》重视战前谋划，反对轻易用兵，主张"慎战""全胜""不战而屈人之兵"。孙武认为用兵之前必须深思熟虑"道、天、地、将、法"五大要素，并指出作战指挥者只有深刻了解、确实掌握这五个战略要素，才能够打胜仗。

在军队建设方面，孙武非常重视和强调作战指挥者的地位和作用，把"智、信、仁、勇、严"五个条件作为作战指挥者的必备要素，若不具备则不配为将。

在治理军队方面，他主张文武兼施，刑赏并重，以法制原则治理军队等。

在作战战术方面，他强调战术的灵活性，提出"兵无常势""因敌而制胜""将在外，君命有所不受"等军事思想，指出要"致人而不致于人"，根据不同的时间、地点、作战对象等去灵活采取不同战法。

贯穿全书十三篇的，则是"知己知彼，百战不殆"的思想，至今仍是科学真理。

战争是多种因素相互交叉的矛盾体，对此孙武有清醒的认识。《孙子兵法》并不像《周易》那样具有预测功能，而是主张尊重事实、尊重战争规律，以唯物辩证的思想方法去研究军事战略与战术。

《孙子兵法》全书的兵法思想特点充分反映在以下六个方面：整体思维的战争论、唯物主义的战事观、仁义道德的爱兵立场、对立统一发展变化的方法论、知己知彼的认识论和上兵伐谋的义战主张。

所谓整体思维的战争论，主要反映在孙武思考战争时总是密切关联政治、经济和社会因素。他注意战争的起因、发展变化和最终结果，认为这是政治、经济、社会甚至文化综合作用的过程。关于这些方面，前四篇论述最多，比如：

《计篇第一》考虑国家存亡、民心民意，涉及社会层面，基于此提出了"仁战"主张；

《作战篇第二》考虑战争对经济发展和人民负担的影响，提出"慎战"主张；

《谋攻篇第三》考虑战争的实质及最终目的，认为战争应当促进社会发展，保证国泰民安，提出了"上兵伐谋，其次伐交，其次伐兵，其下攻城。攻城之法，为不得已"的主张；

《地形篇第十》考虑纵观战势细心筹划，争取主动，速战速决，提出了战争不为功名、"修道而保法"的"善战"主张。

《孙子兵法》之所以流传至今深受欢迎，当归功于它在思维方式上的独到之处。孙武考虑战争问题时，将兵法思想的切入点聚焦在战略与战术的交融处。与之相比，许多兵典或是聚焦国事战略，高谈阔论，或是拘泥战术细节，烦琐啰唆，形成文论缺陷。《孙子兵法》却能够粗中见细、小中见大，因此形成了独特风格。

《孙子兵法》还有一个特点，就是它并非只用于纯军事的领域。孙武的时代，担任大将者往往是一些能够出将入相的政治家，上则能晓示国事战略，下则能治军打仗。所以，为将之人起码应当具有孙武那样能够将宏观与微观相结合的思维方式，才能适应战争任务的特殊性和复杂性。《孙子兵法》拥有广大中高级将领读者群体，由此形成《孙子兵法》流行百世的重要基础。

对于《孙子兵法》，当前流行的读法是将《孙子兵法》演绎为商业竞争、政治斗争等运作原则，此类图书也出版不少，总的效果是肯定的，但其中不乏武断的发挥、曲解和巧借托名。

《孙子兵法》作为现存的中国古代第一部理论体系完整的兵书，被尊称为"世界第一兵书""兵学圣典""兵典之首"，并被历代定为武学教范，主要是《孙子兵法》思想中充满了超人智慧。

我们解读《孙子兵法》，要总结并体会它的精神实质，善于灵活运用它的基本原则和排兵布阵理念。任何比附都是无用的，只有将实用的军事理论提升到哲学理念的层面，它的思想精髓才可能成为真理。阅读时，也需要细细品味，感受孙子的伟大思想。

本书的《孙子兵法》分为传世本和银雀山汉墓竹简本。传世本的正文部分参考了天津市古籍书店1990年版影印本《孙子兵法》，此外，还参考了袁啸波点校的《孙子》（上海古籍出版社，1995年）、黄朴民和赵海军点校的《孙子兵法集注》（岳麓书社，1996年）、中国军事史编写组编写的《武经七书注释》（解放军出版社，1986年）等书，案例部分则参考了陈平、燕嫒编著的《孙子兵法应用466例》（长春出版社，1996年）。而银雀山汉墓竹简《孙子兵法》部分，采用了《银雀山汉墓竹简》（文物出版社，1985 年）的相关释文及注解，用□符号标注竹简的缺字，用（）表示通假字，用〔〕表示补字。又因为传世本《孙子兵法》的文字比较齐全，包括了汉简《孙子兵法》的大部分思想内涵，因此，为了避免重复解读，本书将注评集中放在对传世本《孙子兵法》的解读上，而不再对汉简本内容作解读。

在此序最后，笔者仍然重新提出这样的建议，希望读者能够从如下视角去解读《孙子兵法》：《孙子兵法》立足于战术角度为"将"所设。也期待本书能够为读者在生活、事业等方面提供有益的参考。

序二：《孙子兵法》的国际影响

佘　新[①]

　　唐朝以来，《孙子兵法》在海外产生了广泛影响。"孙子"或《孙子兵法》也成为许多著名百科全书的常设条目，更有不少国家的军事院校把《孙子兵法》列为必读之书。

　　《孙子兵法》的外传，邻近中国的亚洲国家接受最早，其影响也最广泛，像日本、朝鲜、越南等国因在历史上与中国经济、文化交往密切，均较早地传入《孙子兵法》，并展开研究。比如，1778年（清乾隆四十三年），朝鲜曾刊印了一部题名《新刊增注孙子直解》的书，分上、中、下三卷。稍后，越南出现了译者署名为施达志的《孙子兵法》译本。

一、《孙子兵法》在日本

　　受中国传统文化影响较深的日本，在学习与传播《孙子兵法》方面要比其他国家投入更多。在对外研究领域，日本更是独占鳌头，专业研究人员之多，专著出版之丰，涉及领域之广，均为其他各国所不及。甚至日本武学的兴盛和武学流派的发展也得益于《孙子兵法》在日本的普及和研究。他们从《孙子兵法》获得的收益也远超他国。

[①] 佘新：佘晓灵笔名，江苏凤凰教育出版社高级经济师、高级出版策划编辑、文化学者。

《孙子兵法》在日本受重视的程度,甚至超过中国。追寻《孙子兵法》在日本的传播与研究历程,是一件很有教益的事。一般认为,《孙子兵法》在日本传播始于唐朝中叶,实际情况可能要早得多。西方学者塞缪尔·B.格里菲斯提出并考证过两件确凿无疑的史实:一是在516年,中国有一位熟悉兵学的学者到过日本;二是在525年,日本继体天皇在任命其子粗鹿火为兵马统帅时说过这样一段话:"夫将者,民之命与国之存所系也。"其内容和语言极似孙武的"故知兵之将,生民之司命,国家安危之主也"。将两者联系思考,塞缪尔断言,最晚至6世纪初叶,中国的《孙子兵法》应该已传入日本。这比传统认识早了近二百年。

中国隋唐时期,日本多次派遣使者及大量留学生来华,学习中国的政治、文化。这些使臣和留学生除部分留居中国,大部分归国从事中国古代文化的传播工作。特别在整个唐代二百多年间,日本任命遣唐使达19次(正式派遣并到达唐朝的有13次),每届遣唐使来华,必派众多学生同赴中国留学,最多一次达500人。每次遣唐使归国,总会带回大量的中国书籍和经卷。有确切记载的被称作《孙子兵法》携归日本"第一人"的吉备真备,就是日本奈良时代著名的遣唐留学生。

吉备真备,出身军人家庭,其父官至右卫少尉,自幼对军事问题有浓厚兴趣。他精通中文,兼修文武。717年,吉备真备随第九次遣唐使到达中国的都城长安。他走了一条与其他留学生不同的求学之路——不入官学而拜当时名士赵玄默为师,单独受业,专修经史,兼涉众艺。经十九年寒窗苦读,他不仅精通众艺,而且熟谙兵法,对《孙子兵法》《吴子》钻研尤深。735年吉备真备归国后,被任命为太学助教,他将随身带回国的中国文化典籍,包括《孙子兵法》《吴子》在内的中国兵书,上献朝廷；又将在华"所得学术，归辄以教人"，所授弟子多达400人。

752—754年，吉备真备以遣唐副使身份再度赴唐，归国后受到朝廷重视，屡任重职。760年冬，当时任太宰府大贰之职的吉备真备，在太宰府"亲自传授"中国的《孙子兵法·九地篇》和诸葛亮的《八阵图》，奈良朝廷特地指派授刀舍人春日部三关、中卫舍人土师宿祢等六位军人前往学习。764年，吉备真备运用《孙子兵法》的作战思想和作战原则，在平息惠美押胜的叛乱中大举获胜，开创了日本军事史上成功运用《孙子兵法》指挥作战并取得胜利的先河。为此，吉备真备被后世的日本武学研究专家公认为《孙子兵法》的携归者和传播者、《孙子兵法》的研究先驱和《孙子兵法》作战原则的实践者。师从于他的土师宿祢的后世子孙——平安朝的大江匡房，后来也成为《孙子兵法》在日本研究最有成就的传人。

唐朝末年，当时中国传世的许多兵书传到了日本。875年，日本皇家藏书处冷泉书院遭遇大火——全部藏书（含兵书）毁于一旦。但是到日本宽平年间仅《日本国见在书目》中著录尚存的中国兵书仍有59部，内含多部我国《隋书·经籍志》《旧唐书·经籍志》没有著录的兵书。以《孙子兵法》《吴子》为代表的中国兵书的东传，深刻地影响了日本古代军事思想的形成和发展。

到了891年，日本已流传有六种中文版本的《孙子兵法》，以通晓《孙子兵法》而知名的学者和军人已经不少。894年，即平安朝的宽平六年，当政者推行"和魂汉才"，反对刻意模仿中国文化，提倡加强对"国粹"的研究，主张发扬和创造自己本民族文化，遣唐使的派遣至此中止。然而中国文化在日本的传播并未中断，平安中期之后，日本非官派学者渐有来华者。

12世纪初叶，镰仓幕府的建立标志着日本社会进入了名副其实的军事贵族独裁统治时期。该时代的最高军事独裁者称为"征夷大将军"，其社会基础是武士地主阶级，他们专为统治者打仗，以充任统治者的武力后盾为己任。这种职业军人的兴起，使整个社会充斥尚武的风气。

16世纪的日本战国时代，名将辈出，诸如织田信长、丰臣秀吉、武田信玄、德川家康、上杉谦信等战国名将纷起争夺霸权，他们都自觉、不自觉地从中国古代兵书中汲取营养。"七雄"之一的武田信玄，祖奉《孙子兵法》为家法，本人敬奉孙武为"尊师"，其案头始终放着一部《孙子兵法》，他通晓《孙子兵法》，并将其军事思想运用于争霸称雄事业，素有"日本的孙子"之称。他统帅的"武田军"所用的帅旗上绣的"风林火山"四个字，即取自《孙子兵法·军争篇》中的"其疾如风，其徐如林，侵掠如火，不动如山"一句，故后世人称其动静相兼的军事战略为"风林火山"战略。其部下高坂昌信所编兵书《甲阳军鉴》还极力强调《孙子兵法》中的"慎战"思想。

战国时代末期，完成日本统一大业的丰臣秀吉，在实现霸业过程中得心应手地运用了《孙子兵法》的战略思想，这使他不仅成为一名英勇善战、足智多谋的武将，而且也成为一位杰出的政治家。他重视孙武的"用间"理论，在每次重大的军事行动之前都要派出大批间谍侦察敌情，他要求间谍人员不断移动其活动区域，严格地按照既定路线轮流行动。他常常以后一组间谍人员的报告核实前一组间谍人员的报告，以便取得尽可能详尽准确的情报资料。为了实现"不战而屈人之兵"的战略目标，争取敌手的降伏，以和平方式达到预期的政治目的，他甚至将最后攻取九州岛的作战时间推迟了一年多。当其下属强烈要求攻占敌军所占的最后一座堡垒时，他仍坚持按兵不动，等待谈判，以取不战而胜的效果。

继丰臣秀吉之后的德川家康，在执掌全国政权不久后便下令印刷出版中国古代典籍，其中包括《孙子兵法》在内的大量军事著作，以期从中汲取治国安邦之策。德川还下令把《孙子兵法》作为军事教材，大量发放，以提高官兵素质。

在德川幕府时代，流行最广的《孙子兵法》注释本当数中国明代赵本学的《孙子书校解引类》、刘寅的《武经七书直解》、黄邦彦的《孙子集注》和清代孙星衍校的《孙子十家注》。自1536年署名"环翠轩"的《孙子抄》刊行问世后，日本人著述的"孙子书"开始大量出现。深受德川家康重用的、历任四代将军侍讲并参与幕政的著名程朱学派学者林罗山，在1626年出版了《孙子谚解》，后世人因此而尊他为日本注释《孙子兵法》的第一人。他力主国家高级官员应注意研究军事，兼知"礼""兵"，认为"知礼而不知兵则懦，知兵而不知礼则愚"。1660年，第一部日文译本《孙子兵法》问世，结束了少数文人武将垄断对中文原版《孙子兵法》学习研究的局面，将日本研究和学习《孙子兵法》的活动推向新的高潮，并推动了日本武学的兴盛和武学流派的发展。

这以后，日本先后出现了几十个大大小小的武学流派，其中著名的人物有：林罗山、小幡景宪、北条氏长、山鹿素行、香西成资、新井白石、松宫观山、荻生徂徕、德田邕兴、佐久间象山、吉田松阴、恩田仰岳等。他们多为文武兼备的人才，或设馆讲授兵学，或著书立说，为中国兵法在日本的流传和创新做出了重大的贡献。古代日本的各种兵法，考其源流，无不与中国《孙子兵法》等兵书有着极其密切的联系，如著名兵书《斗战经》《甲阳军鉴》《信玄全集》《兵法记》《兵法密传》等，其主要思想多出自《孙子兵法》，是《孙子兵法》的军事思想与日本古代战争实践相结合的产物。

自幼年起即师从林罗山的山鹿素行，不满于林罗山的理论，追求对武将、武士更有实用价值的学问。1685 年，他撰写的《孙子谚义》问世。这部"日本化的《孙子兵法》"，堪称日本研究注释《孙子兵法》的佳作，作者因此享有"军事艺术大师"的美誉。他在该书自序中写道：

> 自《始计》迄修功，未尝不先知。是所以序《用间》于篇末，三军所恃而动也。然乃《始计》《用间》二篇，知己知彼，知地知天之纲领，军旅之事，件件不可外之矣。《作战》《谋攻》可通读；《形势》《虚实》一串也；《争》《变》《行军》一串也；《地形》《九地》一意也；《火攻》一意；《始计》《用间》在首尾。通篇自有率然之势，文章之奇，不求自有无穷之妙。谋者不可忽。

山鹿素行对《孙子兵法》严谨的结构和严密的逻辑作了精辟的阐述，在宏观上抓住了这部兵典的主旨，为后世之人研习《孙子兵法》提供了典范。

此外，林罗山还著有《孙子评判》《孙子训点》，山鹿素行还著有《孙子句读》《孙子要证》《孙子讲义备考》等，上述提及的武学代表中也有不少人撰著《孙子兵法》的研究专著或注释本，如北条氏长著有《孙子外传》，新井白石著有《孙武兵法择副言》，荻生徂徕著有《孙子国字解》，德田邕兴著有《孙子事活抄》，吉田松阴著有《孙子评注》，恩田仰岳著有《孙子纂注》。近代较著名的研究《孙子兵法》的专著或注释本还有：伊藤馨的《孙子详解》，小峰弘致的《孙子始末论》，樱田迪的《古文孙子正文》等。

17 世纪初，德川家康完善了军事独裁统治体制，开创了德川幕府时代，一直延续到 19 世纪 60 年代。德川幕府统治时期，尚武精神得到大力提倡，效忠主子、重名轻死、崇尚勇武、廉耻守信被视为武士的美德，并渐渐发展为日本封建制度的重要思想支柱——"武士道"精神。因互相征战的需要，历任幕府统治者均推崇《孙子兵法》，出现了许多以通晓《孙子兵法》而闻名的文臣武将，改变了最初《孙子兵法》作为秘本兵书仅流传于学者或武将之家的状况。

1868年发生的"明治维新"，使日本结束了数百年的幕府统治，迅速迈向资本主义的近代化。为了积累原始资本，日本资产阶级一登上政治舞台就力图使国家走上对外侵略扩张、压迫其他民族的道路。在明治维新中起骨干作用的改革派武士从尊王思想出发，认为日本这样一个天皇制国家理应成为"东亚霸主"，"耀皇威于海外"，日益猖獗的民族扩张主义遂使日本走上了肇祸东亚、危害人民的军国主义道路。日本迅速组建起新式陆军、海军，加紧推行西欧式的现代化，努力掌握所引进的新式武器装备及作战方式方法。尽管当政者推行"和魂洋才"，明治维新之后的日本军界依然信奉《孙子兵法》。

这一时期，在历史舞台上叱咤风云的军事统帅，多数人兼修东西方两种军事学说，在1904—1905年间发生的日俄战争中，战胜俄军的海军联合舰队司令东乡平八郎元帅和陆军第三军司令官乃木希典大将就是典型例子。东乡平八郎与乃木希典二人都深谙《孙子兵法》，东乡随身携带一册《孙子兵法》赴战，并在海战的布阵与作战中借鉴了《孙子兵法》的军事原则。根据日军大本营的作战计划，东乡亲率日本联合舰队主力，于战前即已提前集结到朝鲜半岛的镇海湾，积极组织训练和演习，进行了充分有效的战前准备。相反，俄国海军舰队于1904年10月中旬才从欧洲起航，远涉重洋三万余公里，辗转颠簸半年有余，及至驶近临战海域，已是舰损人乏，战斗力降低近三分之一。所以，当这支疲惫不堪的俄国舰队驶入对马海峡，遭到潜伏已久、准备充足的日本舰队的突然袭击时，很快失去抵抗力，最后被日本舰队的猛烈炮火全部歼灭。战后，东乡平八郎在谈论日本海军取胜原因时，表示自己此次全歼俄国海军舰队，主要是运用了《孙子兵法·军争篇》中的"以佚待劳，以饱待饥"的作战思想，字里行间洋溢出浓浓的得意之情。

在陆地战场取胜的乃木希典大将，也认为他的胜利得力于《孙子兵法》的应用，他为纪念战争的胜利，于战后自费出版有关《孙子兵法》的书籍，遍送友人。甲午海战和对马海战后的日本海军，逐渐确立了比较先进的海军战略和海军战术，佐藤铁太郎海军中将在这项活动中起了巨大的作用，而他本人恰恰也是个深入研究《孙子兵法》的军人。他不仅著有《意译孙子》，而且善于汲取中国古代兵法的营养，为其创立海军战略乃至国家战略服务。他指出，《孙子兵法》"在古今中外的兵书中，是论述战略最宏伟而且容易深入研究的好著作"，"如果想理解深奥的战争理论并接受有威力的训诫，请学习《孙子》及《三略》之类的大作吧"。他信奉孙子的"不战而胜"的思想，认为"国家维持军备之威力的首要目的在于自卫"，"不战而威慑凶暴，维护和平，防止战争于未然，就是国防的真正目的"。佐藤还曾给日本天皇讲过《孙子兵法》，并为此专门撰写了《孙子御进讲录》作为教材。

同时代的海军中将秋山真之，主要致力于海军海战的战术思想的建立，他曾作为联合舰队的作战参谋参加了日俄对马海战，该战的实践经验成为他完成现代海战理论最主要的依据。秋山真之对《孙子兵法》也有很深的研究，他认为，孙武战略的精髓是令敌人屈服，而欧洲战略的核心则是残杀敌人，把敌人赶尽杀绝。他主张日本应是一个道德高尚的国家，绝不能采取西方流行的种族灭绝的战争原则，日本海军军事思想应以孙武的"不战而屈人之兵"为依据。

可见，《孙子兵法》对日本武学的产生和发展具有很深远的影响，在相当长时间内是日本军事思想的主体结构，这种历史影响在德川幕府时期走向鼎盛。中国学者高殿芳等人在《〈孙子兵法〉在日本的传播源流及一部古本〈孙子兵法〉的再发现》一文中将日本德川幕府时期《孙子兵法》研究的主要特点归结为三：一是《孙子兵法》对日本武士的影响非常深远。日本当时的武士多半是根据对《孙子兵法》原理的理解，结合自身的实践经验创造了新战法并传播于后世。二是《孙子兵法》的研究带有浓厚的神秘主义色彩。究其原因，是《孙子兵法》长期被视作秘密图书，不为世人所知，中国的阴阳五行、佛教密宗及禅宗与日本土著信仰结合，使《孙子兵法》研究蒙上了很浓厚的神秘主义色彩。三是注释《孙子兵法》之风盛行，这不能不说是受中国程朱理学的影响。

在第一次世界大战期间，曾任驻德、意武官的陆军中将落合丰三郎，于1917年写成《孙子例解》，该书以山鹿素行对《孙子兵法》的理解为依据，成为欧洲、日本军队的常备图书。上述一系列事实说明，明治维新时期及其后相当一段时期，日本军界（尤其海军）对《孙子兵法》的学习研究相当重视。

第一次世界大战后，日本军队深受西方军事思想的影响，加之后来"皇军思想"在军中贯彻，至20世纪30年代末，日本的国防战略思想发生了重大变化，国防的对象由保卫国土、主权和人民变为"保卫天皇和国体"，国家的主要军政首脑出于称霸东亚的野心，已把孙武这位中国兵家先哲的"慎战""重战"思想完全弃诸脑后，在法西斯战争的道路上越走越远。日本著名的现代军事评论家小山内宏，在谈到第二次世界大战中日本的失败时说：当年发动战争，"原以为有办法的"，"只要施行神化战术就能取得胜利"，"结果日本失败了"。如果那时"认真学习一下这部《孙子兵法》，就决不会贸然发动那一场战争！"他以《孙子兵法》为准绳，从正反两个方面总结日本在第二次世界大战前决策的失误和最终战败的教训，足以为后世警诫。

另一方面，日本对《孙子兵法》的翻译和注释于第二次世界大战爆发前已达到了相当水平。山田准与阿多俊介译注的《孙子兵法》和北村佳逸撰写的《孙子解说》，在注解中旁征博引，均狠下了一番功夫。

日本由于在第二次世界大战中惨败，战后没有发行多少有价值的军事著作，但《孙子兵法》之类的书籍是例外。冈村诚之的《孙子之研究》、佐藤坚司的《孙子体系的研究》、河野收的《竹简孙子入门》、德永荣的《孙子的真实》、掘之北重成的《古文孙子解释》、上田宽的《孙子义疏》等书的问世，弥补了这段时期军事著述方面的空白。这些著作有相当一部分讨论了两次世界大战，联系了当代的世界政治、经济形势。总体上看，能够超出战争或作战艺术的视野、根据对战争经验的自我反省而提出的反战理论和作为核时代威慑战略的"不战而屈人之兵"思想，受到当代日本军事专家们的高度重视，佐藤坚司在其著作中甚至将孙武称为"实质的和平论者"。

至 20 世纪 80 年代，日本《孙子兵法》研究热方兴未艾。专业研究人员有数千人，业余研究者更大有人在，几乎遍及政治、经济、社会、文化、教育等各个领域。特别值得提出的有以下几人：佐藤坚司、服部千春和大桥武夫。

佐藤坚司，他于 1962 年出版了一部《孙子思想史研究》。该书系统地评介了日本各历史时期各武学流派研究《孙子兵法》的概况及其成就，成为日本战后研究《孙子兵法》专著中的佼佼者，堪称一部佳作。著名学者兼企业家服部千春，长期以来悉心钻研《孙子兵法》，自称"孙子的门徒"。他在山东银雀山汉墓竹简本《孙子兵法》出土后，很快于1974年写出《新编孙子兵法十三篇》一函送呈毛泽东主席。1987年中日邦交正常化15周年之际，他又将所著五十余万字的《孙子兵法校解》书稿交由中国军事科学出版社出版，一时传为中日友好往来的佳话。该书由概说、正文、校记、校异、通解五部分构成而以"校记"和"通解"为核心部分。

　　服部千春在长期研究孙武的过程中，深感要窥视《孙子兵法》的真实面目，必须首先搞好校勘，故在"新校"部分下力最大。他以宋《十一家注孙子》为底本，并将汉墓竹简本、日本樱田本、宋《武经七书》本、明《武备志》本等依次排列，进行通校，写出校记，使文字异同一目了然，文脉连贯，尽可能地"靠近于兵圣孙武原来'真本'的容貌"。"校记"之后是参校诸本另列出的"校异"，颇便于查考。服部千春还努力以先秦音韵规律判别诸本文字的正误优劣，这确为校勘之重要方法，如果做得好，是可以获得显著成绩的。"校解"部分，作者夹叙夹议，逐句串解，并对中日古代战例妥加援引，以求"把握孙子之深奥，阐扬孙子之要义"。如作者对"形""势"关系，提出了自己的见解，他认为"形为势之根本，势从形中产生""形是静态的，成为体；势是动态的，可充用"。他将"形""势"二者视为"制胜的根本"："首先要有形（客观物质力量），然后才能谈论谋攻，谋策既定，胜券在握，于是势也就继之而生。"又如作者视《孙子兵法·虚实篇》为"十三篇中的精髓""避实击虚是用兵的基本方法"。为帮助读者领悟"精髓"所在，作者对于"致人而不致于人"的战争主动权问题，对于"攻其所不守""攻其所必救"等作战方向问题，对于"形人而我无形"的示形动敌问题，以及各种虚实转化措施都作了阐发。

随着经济腾飞，自 20 世纪 60 年代以来，日本许多经济学家和实业家开始重视将《孙子兵法》运用到企业管理与商业竞争中，"兵法经营论"应运而生。该理论的创立者大桥武夫，是日本财团法人偕行社副会长兼东洋精密工业株式会社顾问，他于 1951 年接管濒临倒闭的小石川工厂，经整顿后重建为生机勃勃的东洋精密工业公司。该公司历 30 余年而不衰，其诀窍在于他把以《孙子兵法》为代表的中国古代军事著作与现代社会经营之道融于一体，运用于经营管理实践而获利。他于 1980 年出版的《孙子兵法》一书提出了"兵法经营论"，继而编写出一部《兵法经营要点》，对经营管理中如何进行"庙算""料敌""任将""得人""发机""出奇"以及"不战而屈人之兵"等诸多问题作了详细论述。他断言采用中国兵法思想指导企业经营管理，比之采用美国企业的经营管理方式更合理、更有效。

日本的一些著名巨型企业如本田、日产、丰田等，对于本公司管理人员的培训也都一概参用《孙子兵法》关于集中兵力、致人而不致于人、应敌变化而取胜、出其不意以及知彼知己等军事思想。在培训中，公司要求学员们根据《孙子兵法》所阐述的思想，研究如何将它运用到现实管理中去，制定出本企业的发展策略。日本小企业的经理们，也很重视和研究中国古代兵家思想，特别是《孙子兵法》。据《人民中国》杂志社日本专家村山孚先生介绍，日本企业家为求得本企业的生存、发展，往往轮番使用下列两根支柱（或者称为两个轮子）：在生产经营景气的时候，使用美国现代化管理思想这根支柱、这个轮子；在生产经营不景气的情况下，则依靠中国古代兵家思想，特别是《孙子兵法》这根支柱、这个轮子。

事实上，《孙子兵法》中许多科学思想，特别是关于运筹谋略、对抗策略的精辟论述，在企业所处的两种状态中都是可用的。日本还有一本书题名为《怎样当企业领导》，该书作者占部都美曾对《孙子兵法·计篇》中关于"将者，智、信、仁、勇、严也"作了详细介绍，并提出，作为现代企业领导者，仍须具备孙武讲的五个方面的道德修养，并指出孙武的为将"五德"在"两千多年后的今天仍然是适用的"。

许多日本经济学家和企业家撰文，认为中国古代兵家思想，特别是孙武的许多军事思想完全可以运用到经营管理方面。如可以把《孙子兵法》中"五事"作为指导思想制定经营战略："道"是企业的基本方针；"天"是企业的天时、机会；"地"是企业的地理位置、生产资源、劳动力等客观条件；"将"是管理者；"法"是企业的组织、纪律、规章制度等。又如，可以把《孙子兵法》的"知彼知己，百战不殆"的思想作为企业管理的根本原则，只有重视市场调查，搞清市场的产、供、销情况等大量信息，企业才会有生机，有竞争力，才会蓬勃发展。再如，可以把《孙子兵法》治军思想中关于注意士卒的心理和情绪的原则用于人事管理和进行目标管理，把《孙子兵法》中关于"声不过五，五声之变，不可胜听也。色不过五，五色之变，不可胜观也。味不过五，五味之变，不可胜尝也"的思想用于开发新产品、拓宽新销路。这些见解都对世界经济学界产生了很大的反响；成功的实践经验则使"兵法经营管理学派"以其旺盛的生命力成为管理理论家和企业家们瞩目的对象。

二、《孙子兵法》在欧洲

《孙子兵法》不仅仅在亚洲地区广为传播，它对西方世界的影响也很大。

《孙子兵法》的西传，最早见于1772年，一位曾在北京生活多年的法国神父约瑟夫·阿米奥特，根据《武经七书》的满文手抄本，并对照汉文版本，将《孙子兵法》翻译为法文，作为"中国军事艺术"丛书中的第二部在巴黎出版，从而成为整个西方世界的第一部《孙子兵法》译本。阿米奥特在该书扉页上写道："公元前中国将领们撰写的古代战争论文集。凡欲成为军官者都必须接受以本书为主要内容的考试。"

该书一经问世即博得好评，一时为多家杂志摘要转载，十年内发行两版。迄今为止，该版本仍系法国的《孙子兵法》主要译本。但是，作为一个虔诚的传教士，作者阿米奥特过分强调了《孙子兵法》对于战争的道德和人道主义方面的关心，观点失之偏颇。此外该译本"译文失真"的缺陷也比较明显。尽管如此，当时法国一家刊物评论说："如果我们指挥军队的将军以及下级军官能够拥有这部'杰作'，人手一册，那就会对王国起重大作用。"据传，法国大革命时期叱咤风云、威震欧洲的法国统帅拿破仑就常在作战间隙阅读这部法文版《孙子兵法》，从中汲取一些可资运用的军事智慧。

《孙子兵法》的第一部俄文译本，是俄国汉学家斯列兹涅夫斯基于 1860 年完成的，他将译作题名为《中国将军孙子对其部下的指示》，收录在当时的《战争手册》第 13 卷。第二次世界大战期间，苏军根据 1910 年贾尔斯英译本重译了《孙子兵法》，并将其列为军事学术史教学与研究的重要内容。战后，苏军上尉西多连柯于 1955 年直接由中文版翻译成俄文译本，苏联著名军事理论家拉辛将军为之作序，序中说："军事科学的萌芽在远古时代就已产生……在这方面，人们奉为泰斗的通常是希腊的军事理论家，其中最著名的有色诺芬，还有后来的韦格蒂乌斯。韦格蒂乌斯在很长时期内是拜占庭（6—10 世纪）与西欧（15—16 世纪）的军事理论权威，但实际上排在最前面的应当是古代中国,中国古代军事理论家中最杰出的是孙武。"

西多连柯的俄文新译本的发表,扩大了《孙子兵法》在苏联及东欧各国的影响。两年后出版的《论资产阶级军事科学》一书,也突出论述了《孙子兵法》在世界军事科学发展史上的重要地位,该书指出:"在古代中国,军事理论得到了高度发展。远在公元前500年,中国已经写成了若干军事著作。这些著作中最早、最优秀的是孙子的著作。""孙武总结了当时中国奴隶主所进行的战争的丰富经验,奠定了中国古代军事科学的基础。"

《孙子兵法》的第一部德译本是布鲁诺·纳瓦拉翻译,于1910年在柏林出版,书名为《孙子兵法——一位中国军事经典作家论战争》,但这本书目前在德国各大学图书馆已很难找到,1957年出现了由西多连柯俄译本转译的新译本。发动第一次世界大战的德皇威廉二世被废黜后,在侨居生活中读到《孙子兵法·火攻篇》的最后一段:"主不可以怒而兴师,将不可以愠而致战。合于利而动,不合于利而止。怒可以复喜,愠可以复悦;亡国不可以复存,死者不可以复生。故明君慎之,良将警之,此安国全军之道也。"不禁叹道:"早二十年读《孙子兵法》就绝不至于遭受亡国之痛了!"

《孙子兵法》在英语国家,尤其是在美国的传播与影响,可以与在日本的传播影响相媲美。在整个西方世界中,英国首先对《孙子兵法》军事思想进行了比较系统的研究,成就最大的是著名的军事理论家利德尔·哈特,他从战略学角度对《孙子兵法》进行探讨。利德尔·哈特称孙子为"最优秀的战略家",并在其《战略论》一书的扉页上引用《孙子兵法》的军事名言达15条,以示对这部古代中国军事典籍的推崇,并借以表达自己的战略思想。英国军方首脑人物也十分推崇《孙子兵法》。第二次世界大战的名将蒙哥马利元帅曾提出要重视对中国《孙子兵法》的学习研究;60年代初期任英国空军元帅的约翰·斯莱瑟曾盛赞《孙子兵法》"能全面彻底地以明确的表达方式和简练的语言告诉别人怎样作战"。他认为该书最能"引人入胜"之处在于它具有一种"时新"的特点,"就像是昨天刚写出来的一样",对现代战争具有指导意义。他因此主张"所有的军事学院都应该把这部著作列为必读之书"。

了解一下历史上主要英译本的产生过程,有助于让我们更直观地了解《孙子兵法》对西方各界的影响力。

历史上第一部《孙子兵法》英译本,是由英国皇家炮兵上尉卡尔思罗普1905年在东京发表的,该本因由日文版辗转翻译而成,故讹误较多,当时任大英博物馆东方书刊和书稿馆助理馆长的莱昂纳尔·贾尔斯,认为卡尔思罗普的译文"糟糕透顶",使"孙子蒙尘受辱,需要为其正名"。于是他凭借自己深厚的汉学功底,根据中文原版重译《孙子兵法》,定名为《孙子兵法——世界最古之兵书》,于1910年在伦敦出版。

该书注释详尽,语言流畅,并附有译者自己的独到见解和研究成果,一经问世,便在英、美等国受到好评,一再重印,历数十年而不衰。美国宾州军事出版公司于1949年再版贾尔斯译本时,还请著名的军人学者托马斯·菲力普斯为之作序,菲力普斯在序言中对《孙子兵法》的总评价是:《孙子兵法》是世界最古兵典,言简意赅,以阐述基本原则为主,其中许多在2000多年后的今天,即现代战争条件下仍然适用,对指导战争的实施很有价值。"这是一个行家对《孙子兵法》的现代评论,绝非说客套话。

在最早的两个英译本《孙子兵法》问世后的三四十年间,西方的学者们主要致力于克服语言文字方面的困难,通过较为信、达的译文将东方的兵学经典《孙子兵法》介绍给西方世界,研究运用型的著述则很少见,对美国等西方军事界影响也不大。在此时期,英国著名的战略理论家利德尔·哈特独具慧眼地看到了《孙子兵法》的无尽价值,成为西方国家中最早比较准确而系统地阐述《孙子兵法》军事思想的少数有识之士之一。

1927年,利德尔·哈特收到了约翰·邓肯爵士写给他的一封信,信中说:"我刚读完一本引人入胜的书——《孙子兵法》,这本书写于公元前500年。书中的一种观点使我想起了您的洪水泛滥的理论(指利德尔·哈特1920年在《步兵训练》一书中提出的"洪水泛滥式"进攻战术理论)。"正是邓肯的信引起了利德尔·哈特对《孙子兵法》这部东方古典军事名著的浓厚兴趣。当他仔细研读了这部书后,惊奇地发现数千年前中国孙武的许多观点竟与他不谋而合,从而使他意识到"一些最根本的军事思想是永恒的,即使是属于战术性的"。

两年之后,哈特的《战略论》(当时题为《历史上的决定性战争》,1954年于纽约第三次再版时随着内容的增加正式定名为《战略论》)一书出版,该书以对历史上战争的研究为基础,通过对西方世界两千年来所发生的重大战争的分析,特别是对两次世界大战经验教训的探索,提出了一种称为"间接路线战略"的理论。然而,该作者多次不无谦虚地说自己的理论创作深深得益于《孙子兵法》的启迪,以示对古代中国兵圣孙武的敬仰。第二次世界大战期间,当一位国民党军官向他提起这本书在中国军事院校被当作主要军事教材时,利德尔·哈特劝这位中国人"应当求教于孙武","因为《孙子兵法》这本篇幅不长的著作把我二十多本书所涉及的战略和战术基本原则包罗无遗了"。

三、《孙子兵法》在美国

美国人所见到的第三部较重要的《孙子兵法》英译本，是由美国已故退役准将塞缪尔·B. 格里菲斯于 1963 年在牛津大学出版社出版的，书名为《孙子——战争艺术》。译者格里菲斯，1929 年毕业于美国海军学院，参加过第二次世界大战，经历过战后几次局部战争，也曾在美国第七舰队和海军陆战队驻天津和青岛部队中任职，他对于西方军事理论的局限有一定认识，并主动把眼光投向东方的军事理论。

1960 年，格里菲斯在牛津大学获博士学位，时年已 55 岁。此后格里菲斯主要在美国的军事院校执教并在战略研究部门从事学术活动，著有《毛泽东论游击战》《北京和人民战争》《中国人民解放军》等介绍中国军事史和军事思想方面的著作。

《孙子——战争艺术》的译文所依据的是清代孙星衍《孙子十家注》本，作者认为孙校本是"200 年来中国的标准版本"。在导论部分，作者汇集了他对孙武多年研究的成果，其主要内容有：《孙子兵法》的作者、版本、时代与战争背景以及孙武战争观的介绍。在有关孙武战争观的一节中扼要阐述了《孙子兵法》十三篇的要点，盛赞孙子的慎战、重算、重道对战争胜负的决定作用，重视战争与经济的相互联系，重视将领的智与谋，重视因敌制胜与奇正之变，重视天候、地形之用，以及用间思想等。格里菲斯认为，孙武重视作战双方"五事"之比较，实际上是正确地把握了现代所谓"国家战略"与"军事战略"的相互关系。他对孙武的"不战而屈人之兵""上兵伐谋""兵者，诡道也"等战略思想尤为折服。

格里菲斯发挥了军人兼学者的特长，着意对于《孙子兵法》

十三篇作军事角度的探索，并采用大量现代军事术语表达译文，修正了贾尔斯译本中的不少错误。如开卷首篇即订正了贾本将"兵者"译为"兵法"（Artif War）的错误，改译为"战争"（War）。在《孙子兵法·谋攻篇》中，他从战略学角度表述了孙武"上兵伐谋"这一著名的战争指导原则，订正了贾尔斯译本对"伐谋""伐交"等的误译。在《军形篇》《兵势篇》《虚实篇》《军争篇》《地形篇》诸篇中也对贾尔斯译本有所修改，其中不乏译得好的佳句。

此外，译者还吸收了 20 世纪 50 年代中外学者对《孙子兵法》的研究成果，其中包括与我国著名学者郭沫若、顾颉刚等人的个人通信。但该书亦有若干缺点。首先，每篇文句编号过多，显得枝蔓；采取孙校本《孙子十家注》方式，选择注释，利弊参半。其次，删节不当，有的关键字句被删译，不符合原作之意。

《孙子——战争艺术》的序言为前述西方著名战略理论家利德尔·哈特所写，该书因此扩大了它在西方的影响。利德尔·哈特在序言中写道："《孙子兵法》是世界上最早的军事名作，其内容之博大，论述之精深，后世无出其右者。与两千年后的西方军事思想家克劳塞维茨相比，孙武的文章讲得更透彻、更深刻，永远给人以新鲜感。"利德尔·哈特对于《孙子兵法》未能在两次世界大战时期的西方得以传播深表遗憾："如果《孙子兵法》当时得以传播，《战争论》中掺有孙武思想的成分，从而使人们对其理解不失之偏颇，那么本世纪两次世界大战给人类文明造成的巨大破坏在很大程度上本可以避免。"可惜，"当《孙子兵法》全译本在西方出现时，军事界已完全被信仰克劳塞维茨的极端分子左右，这位中国圣者的声音难以引起共鸣。无论是军人还是政治家都没有理会他的警告：'夫兵久而国利者，未之有也。'"

利德尔·哈特还结合世界新形势谈到了格里菲斯译本出版的意义："在可能导致人类自相残杀和种族灭绝的核武器研制成功后,这种需要(指重新翻译《孙子兵法》)更为迫切。"一位声名显赫的西方战略学家亲为作序,为该译本增色不少。此本近 30 年来多次重印再版并转译成德、法等国的文字,在西方各国广为流行,取代了原先贾尔斯译本在整个西方世界的权威地位。

利德尔·哈特与格里菲斯二人努力不懈地在探求一种使《孙子兵法》的军事思想同西方传统军事思想融合互补的道路,他们孜孜不倦地宣传《孙子兵法》以期引起更多的西方人士对此书的重视,尤其是那些制定国策和拥有战争决策权的西方国家首脑人物的重视,他们确实以各自不同的方式实现了共同的目标。美国国防部维克托·克鲁拉克少将如此赞扬了格里菲斯的贡献："他从该书(指格里菲斯的《孙子兵法》译本)中找到了把孙武的思想同克劳塞维茨、杜黑、约米尼和马汉的思想紧紧联结在一起的'线索'。"

1983 年,定居美国的原英国著名作家詹姆斯·克拉维尔以贾尔斯英译本为依据,翻译出版了《孙子兵法》的英、德、西班牙语普及本。这位美国知名的当代亚洲问题学者是在 1977 年香港之行时第一次得知《孙子兵法》这部书的,一旦开卷便爱不释手。他说："孙武在 2500 年前竟写下了如此多的直到今天还闪耀着智慧光芒的警句,这实在令人惊叹不已。"

他在该书出版序言中指出,《孙子兵法》之所以能深深打动他,其原因有三:第一,是这本非凡的著作在 2500 年前阐述的许多真理,今天依然可用。《孙子兵法》过去若为当时的军政领导人所认真研读,那么第一次和第二次世界大战会被避免——

至少可以肯定地说，两次世界大战不会打得那样残酷，数以百万计的青年不至于被那些称为将军的魔鬼愚蠢地摆弄，在战火中无谓地丧生。第二，《孙子兵法》极其清楚地揭示了夺取主动权与克敌制胜的法则。第三，《孙子兵法》中所包含的真理，同样指明了在军事之外的各个领域内对付冲突与斗争的取胜之道。

他真诚地希望能把《孙子兵法》这部书列为"所有官兵、一切从事政治活动的人以及政府和大学里所有人的必读之作"。他不无风趣地说："如果我是最高统帅，或被选为总统，我还要以法律的形式确定下来：所有的军官，特别是所有的将军，每年都要参加两次《孙子兵法》十三篇的考试……考试不及格的将军立即自动罢免，并不准上诉，其他军衔的军官则自动降级。"克拉维尔对于《孙子兵法》热情洋溢的讴歌和赞美，代表了美国军界以外人士对《孙子兵法》在当代战争中的重要性的认识。由于该译本保留了贾尔斯译本中有趣的中国典故和通俗可读的注解，因此该本虽未有格里菲斯本那样的权威性，但在美国等英语世界中起到了普及和宣传《孙子兵法》的积极作用。

《孙子兵法》的格里菲斯译本和克拉维尔译本，在20世纪60年代与80年代的相继问世，体现了第二次世界大战之后美国军队内外有识之士对于《孙子兵法》的高度重视，也反映了《孙子兵法》对美国军事思想乃至美国人的文化、价值观念日趋深入的影响。"美国文化很讲实用，偏重于'问题的解决'"，美国人的文化、价值观念，美国传统的实用主义哲学无疑会深刻制约和影响对《孙子兵法》这部东方兵典的接受和吸收。但是美国人只要认定《孙子兵法》可以"为我所用"，则无论从事何种职业的何等人物都会对它产生兴趣。

20世纪70年代以后，特别是在80年代，美国对《孙子兵法》的研究和运用已相当普遍和深入，其领域涉及军事、政治、经济、外交、文化、体育诸方面。全美著名大学中，凡教授战略学、军事学课程者，无不把《孙子兵法》作为必修课。据不完全统计，除军界和专门研究机构，美国民间目前已有近百个研究《孙子兵法》的学会、协会或俱乐部在频繁活动。1987年，中国将军陶汉章所著《孙子兵法概论》一书英译本在美出版发行，即被列为80年代畅销的军事理论书籍之一。可以说，美国已经出现了热度相当高的"孙子热"。

关于《孙子兵法》对美国军事战略思想的影响，美国当代防务问题专家、美国国防大学战略研究所前所长约翰·柯林斯早在20世纪60年代初期就已指出，他说："孙武是古代第一个形成战略思想的伟大人物。他的大部分观点在当前环境中仍然具有和当时同样重大的意义。"众所周知，当代美国军事思想的主体内容就是战后美国历届政府提出的核战略思想，主要针对的对象是苏联，服务于美国政府的全球战略目标。战后四十多年来，美国军事思想的基本内容如作战对象、战略部署、战争准备、盟国关系、争夺地区、作战思想、武装力量建设和武器装备发展上都始终无大变化。为适应国际形势、美苏军力对比以及军事技术等方面的变化，美国数易其核战略思想。特别是在1970年代，美苏实力的对比出现了不利于美国的趋向，时值美国长期深陷越南战争泥沼后刚刚拔脚，又在战略力量方面丧失了1960年代对苏优势，与苏联形成核均衡（或称"核僵持"）态势。这一切都是促使美国军政首脑人物反思20世纪60年代所奉行的对苏"相互确保摧毁"（Mutual Assured Destruction）核战略是否依然有效。

美国前总统尼克松在他离开白宫后所写的《真正的战争》中，不止一次地运用《孙子兵法》回顾与分析当时的战争问题和对苏战略问题。在该书"军事力量"一章中，他论述了当时美苏力量对比，分析了苏联从对美均势走向核优势的原因，着重运用孙武的《孙子兵法·谋攻篇》思想阐明美国当时战略理论的缺陷。他指出美国奉为圭臬的"相互确保摧毁"理论有三大严重错误：第一，苏联并不以为然，继续我行我素。第二，一旦威慑失效，美国根本没有合理的选择方案可供采用。同时，一旦爆发战争，这种理论也无合乎理性的政治目标或军事目标可言。第三，在道义上，这一战略理论暗示着把蓄意屠杀平民当作正当的目标。威慑以此为据，实不足取。

尼克松认为，战略和道义两者相互联系，密不可分，他援引《孙子兵法·谋攻篇》的话——"故上兵伐谋，其次伐交，其次伐兵，其下攻城。攻城之法，为不得已"以表示对 20 世纪 60 年代奉行的"相互确保摧毁"战略理论的不满。尼克松后来声称支持里根的"战略防御倡议"，并认为 21 世纪有可能以"战略防御倡议"为威慑力量，从而使核武器过时作废。正是基于上述考虑，20 世纪 60 年代末期上台的尼克松政府终于以"现实威慑"战略取代了"相互确保摧毁"战略，并进行了必要的战略收缩，调整全球军事部署，重点加强欧洲地区防务，着重强调避免在局部战争中消耗美国自己的实力，而把它们"委托"给盟国去进行。这一战略一直延续到卡特政府时期。

卡特政府的国家安全顾问布热津斯基在他的《运筹帷幄》一书中，直接引用和间接运用了《孙子兵法》中的观点对全书进行总结，并根据孙武的"伐谋"思想提出了对苏联的长期性战略，以夺取"历史性的胜利"。

布热津斯基认为，随着核时代的到来，军事胜负的传统概念已经过时，美苏任何一方的战略优势都不足以剥夺对方进行有效报复的能力。那种在战时要对方"无条件投降"的提法已不复存在。"打赢"或"取胜"不是结果而是一个过程,即谋取上风或优势的过程。在这个"不战而屈人之兵"的漫长过程中,某些问题上与苏和解不失为一种"有效的竞争方式"。作者认为,保持美国的持久力量是对苏全面竞争的关键,"伐谋"是美国竞争战略的精髓,主张以孙武的"上兵伐谋""不战而屈人之兵"作为与苏竞争的总方针。

他还按孙武提出的"衢地"概念以及"衢地则合交"原则对美苏争夺欧亚大陆的三条主要作战方向——欧洲、远东和南亚及其他战略方向上的"要害国家"(即孙武讲的"衢地")进行详细分析。作者还提出了在政治上压倒苏联的可能,认为孙武的"上兵伐谋"对进行持久的历史冲突也同样可行。他认为,美国欲在与苏联竞争中不战而胜,上策是挫败苏联的政策和利用苏联的弱点。

美国军事家乃至高层战略决策人物,不仅重视在制定其战略、战役、战术思想时借助《孙子兵法》为"外脑",力图将自己的军事理论同《孙子兵法》加以联系,而且不同程度地以《孙子兵法》反思、总结或具体指导实施第二次世界大战后的一些局部战争。越南战争结束后,美国朝野上下对"越战综合征"众说纷纭,尼克松等人从多方面总结美国失败的教训。他认为,美国的战略与孙武所说的"上下同欲者胜"背道而驰,导致了越战失败。美国公众舆论不支持打越南战争,美军远隔重洋作战却无公众支持,是无论如何打不赢的。他还援引《孙子兵法·作战篇》说"夫兵久而国利者,未之有也。……故兵贵胜,不贵久"。在一场没有尽头的战争中,胜利无望,撤军就成了必然的结局。前任陆军参谋、原驻越南美军司令威斯特摩兰在20世纪70年代中期出版的《一个军人的报告》一书中,也引用了孙武名言"夫兵久而国利者,未之有也",作为他说服美国最高领导人从越南撤军的理论根据。

在 20 世纪 90 年代初发生的以高科技为主要特点的海湾战争中，美国在战略指导上采取了"先胜而后求战"的战略方针，在政治上最大限度地孤立伊拉克；在外交上争取到联合国安理会授权对伊拉克实施国际封锁；在经济上得到了日、德、沙特等国的资助；在军事上聚集了足以在战场上制胜对方的强大兵力，从而使战争有可能速战、速决、速胜。

据《洛杉矶时报》记者于战争期间对前总统老布什的采访报道，当时老布什办公室桌上摆着两本书，一本是《恺撒传》，另一本则是《孙子兵法》。关于海湾战争的作战指导，美国国防部在战后所写的报告《海湾战争》一书中毫无隐晦地说："多国联盟成功地实践了孙武所说的'上兵伐谋'的战略思想。"在持续42 天的战争中，美国为首的多国部队发挥了情报准确、空中力量强大等全部优势，首先对伊拉克军政首脑机关、通信指挥机关等战略目标和地面部队进行了持续 28 天的大规模战略空袭，继而在为期仅 4 天的地面战中巧妙运用孙武"避实击虚""以正合，以奇胜"等作战原则，合理部署兵力，实施出其不意的机动运动战，最终以极小的伤亡赢得了战争的胜利。战争中，美海军陆战队负责制订作战计划的苏顿将军曾明确指出："正面攻击是下下之策，这完全是《孙子兵法》的运用。我们将避免与伊军正面交战，使用可以垂直起降的'猎鹰'式战斗机和可以运送轻型装甲车及大炮的载重直升机，把一整个装甲纵队运送到内陆，再夹击伊军部署在海滩的重兵，这样就可减少损失。"

美国海军陆战队官兵在海湾战场上应用《孙子兵法》，研究取胜之道，一时成为重要新闻。在此之前，美海军陆战队司令格雷将军已于 1989 年发布训令将《孙子兵法》列为 1990 年陆战队军官首本必读军事书，他于训令中说："孙子的作战思想在今天和 2500 年前一样适用，是当今实施运动战的基础。"

以上介绍，不难发现，《孙子兵法》越来越受到国际学术界的重视，越来越被世界各国人民了解。目前《孙子兵法》在国外的译本已有数百种，先后问世研究《孙子兵法》的专著已逾千种，专业或业余的研究人员更是盈千累万，对《孙子兵法》的解读更是层出不穷。笔者相信，这本古老的兵书所蕴含的智慧，定能在日后的国际舞台上，发挥更重要的作用。

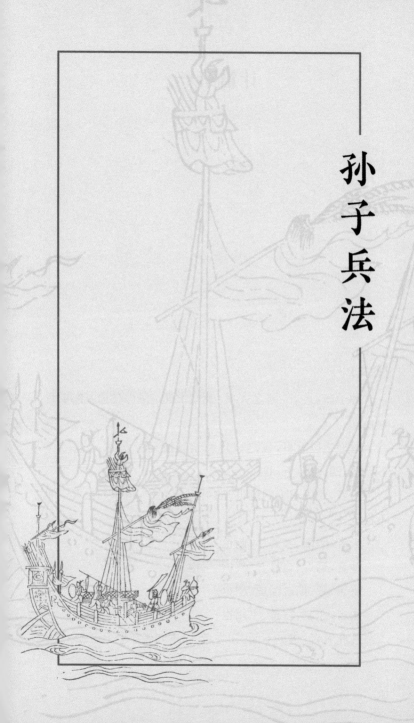

孙子兵法

计篇第一

孙子曰：兵者，国之大事。死生之地，存亡之道，不可不察也①。

故经之以五事，校之以计而索其情②：一曰道，二曰天，三曰地，四曰将，五曰法。

道者，令民与上同意也。故可以与之死，可以与之生，而不畏危。

天者，阴阳、寒暑、时制也。

地者，远近、险易、广狭、死生也。

将者，智、信、仁、勇、严也。

法者，曲制、官道、主用也。

凡此五者，将莫不闻。知之者胜，不知者不胜。

【译文】

孙子说：战争，是国家的大事。战争事关当地人民的生死，战争的策略与战事的战术事关战争的胜负和国家的存亡，所以不能不认真地考察研究。

所以常备的纲领有五个方面，战争前必须依此进行分析筹划，衡量实际情况（战争的条件与形势）之后而探索胜负的趋势，五个方面是：政治、天时、地利、将领、法治。

所谓政治，就是要让民众去认同君主及领导层的意愿、意图和主张。那样的话，民众就可以为君为国同生共死、不怕危险或不存任何疑心、对胜利充满信心。

所谓天时，即指昼夜晴雨、气候变化、四季更替的自然规律。

所谓地利，即指距离远近、征途难易、战场大小、战场地势的有利或不利等因素。

所谓将领，必须具备智慧、信义、爱惜士兵、勇敢果断和军纪严明这五个方面的优点。

所谓法治，指军队建设、内部人员关系和军需的管理与使用。

以上战争五事，将领们必须充分了解。了解的一方可以胜利，不了解的一方则可能失败。

【注评】

① 兵者，国之大事。死生之地，存亡之道，不可不察也。

自古以来，关于战争的起因、性质、理由和后果，一直是国家领袖、军事领导所探求的问题，但又很难找到恰如其分的答案。

一般认为，战争是人类社会集团为了达到自己的政治、经济以及其他目的而进行的武装斗争，其表现形式有民族战争、国家战争两大类。民族战争一般起因于民族纷争，范围可能包括多个国家所形成的战略联盟。与之相比，两个国家之间发生战争的目的，一般是为维护国家主权、领土完整或争夺领土及自然资源。

战争与战斗有所区别。战争是纷争的最高武力形式，唯有它直接危及国家或民族的生死存亡。

在现代意义下解读《孙子兵法》，可将战争理解或引申为军事、政治及经济三大领域中能够影响存亡的重大事件。所以，孙子称战争首先是"国之大事"。

虽然本篇中所谓"国之大事"指的是战争，但正如杜牧在注解中指出的那样："《传》曰：国之大事，在祀与戎。"在中国古代，首先要在战争之前必须进行"祭祖祀天"，以求神灵保佑，与此同时还进行占卜算卦，预测战争的利弊和出战的时机。然后才是所谓"戎"，指的是战争的具体过程。

关于战争的起因与目的，古人有所论说。

《史记》中将孙武与战国时期的魏国军事家吴起并称。吴起的军事观点被后人辑成《吴子》。《吴子》分析战争的起因有以下五种：一是争名，二是争利，三是长期积怨埋恨，四是内乱，五是发生饥荒。如果将这五种含义进行联想，当今许多重大的政治斗争、军事部署、军备竞赛及地域战争、经济领域中的商业竞争等，都出不了这个范围。

当然，参与所谓"战争"的军事、政治、经济集团，不论是否打算或有能力将对手置于死地,他们自己都首先以"求生"为基本目的,唯有求生之后才能进一步求发展壮大。军事、政治和经济之战的立足点都必然如此。

战争还可进一步分为仁义之战、正义之战和邪恶之战。仁义之战是一种援救之战,正义之战是一种自卫之战,邪恶之战则是侵略。

西汉时期,淮南王刘安编纂的《淮南子·兵略训》认为,古代的正义之战和仁义之战,既不为扩张土地,也不为抢掠财富,而是通过战争的手段拯救濒于灭绝的民族(或世族),平定颠覆政权的叛乱,为百姓除去祸患的根源。

在当今社会中,战争是双方实力的较量。然而,不一定要通过兵戎相见的直接冲突,军事、政治和经济若能形成针对对方的威慑力量,就已经形成战争的趋向。若对方为了应付威慑而迅速增加实力,实际上就成为一种隐形的战争。所以,对于战争的分析和准备,应当在它真正爆发之前。一旦战争真正发生之时,研究与谋策相对充分的一方已经取胜大半了。这就是《孙子兵法》的核心意义和指导思想所在。

所谓"计篇"的"计",通常指的是计算、计划。但曹操认为:这里的"计"指的是选将、量敌、度地、料卒(分析兵力)、远近、险易,而且"计于庙堂(官廷或军帐)也"。我们认为,本篇指的是通过对战前敌我客观条件分析与讨论,依此对战争胜负预测和谋划取胜的战术。

所谓"兵者"的"兵":《说文》认为:"兵,械也。"指兵器。"兵者",既可以是指对兵器的掌握与运用,引申为战争;也可以指兵器的使用者,引申为军队。张预注:"国之安危在兵,故讲武练兵,实先务也。"所谓"先务",所指就是以国家安危为目的。

在《孙子兵法》中,"兵"字大多是指具体的用兵打仗,而不是指"战争"这个概念。战争之"兵"是一个名词,代表一种社会事件的性质,基本呈现为静态的宏观战略形态。打仗之"兵"是一个动词,表示一种动态变化中敌我对抗、争取胜利的具体微观战术"过程"。

战争的主体——军队也可被称为"兵者"。吴起认为:"其名又五:一曰义兵,二曰强兵,三曰刚兵,四曰暴兵,五曰逆兵。"正义之师的义兵、势众妄动的强兵、求胜心切的刚兵、贪利散慢的暴兵和叛逆时势的逆兵,各自的心态、处境、准备、目的、步骤、社会基础和内部训治都有很大的不同。

所谓"不可不察"的"察",就是指考察、研究。古字"察",不仅指"眼观六路、耳听八方",而且指"刺探军心、揣摩士气"。

关于"死生之地",孙子在《九地篇》等部分有详细的剖析。

所谓"存亡之道"的"道",本义指道路、途径,引申为政治主张、规律或原则、原因、制度、方式或方法、行程、情况等。儒家之道指"仁义",先秦道家老庄之道指大自然的内在规律或最高法则。梅尧臣注:"地有死生之势,战有存亡之道。"贾林注:"道者,权机立胜之道(权衡时机之后取胜的方法)。"张预注:"死生曰地,存亡曰道。"

在此处,孙子所指之"危",不仅仅是指危险,死亡。曹操、张预注为"疑",即不信任,无信心。不信任本身就是一种危机,它还可以引起领导层甚至军队分裂的危险。

在当代现实社会中,上述"五兵"充斥于军事、政治和经济之中。所以,在应战之前必须明察,分别设计定策,更应当使自己的军队以正义之师参战,这也就是"得道多助,失道寡助"的道理。正如孙武的后人、中国古代著名军事理论家孙膑在齐威王军帐前所指出的那样:"战争并不是谋士可以助长或可长期借助的势力,而是先王用来传播道义的手段。"诸葛亮所书的《出师表》中亦有此义。所以,战争是否正义,就成为战争首察之事的具体内容。

② 经之以五事,校之以计而索其情。

所谓"经",有两种含义:一是"经常",表示一种过程;二是"纲领",表示一种具有公共约定性的契文。

所谓"校",意指不断及时地调整、校对、比较。使当时吴国的军队有章法可依,是孙子写出这些兵法原则的初衷或目的。

军队是战争的主体,民众是军队的基础。淮海战役的胜利是解放全中国最为关键的一场胜仗,如果没有百万民众全心全意的支持,胜利不可能实现。

所谓"五事",孙子将"道、天、地、将、法"称为战争的"五事"。又将"主孰有道? 将孰有能? 天地孰得? 法令孰行? 兵众孰强? 士卒孰练? 赏罚孰明?"作为调整及衡量的具体标准。

第一事"道"。在中国古代哲学思想中,所谓"道"乃指一切事物发展的客观规律,这种规律必然体现出君臣上下或将卒上下的共识意志。只有在这种前提条件之下,才能万众齐志、上下一心、同仇敌忾、众志成城。

战争如此,经济和社会的道德文明建设何尝不是如此。经济竞争之中更需这种"道"的统一和指引。这种"道"虽然是不可见的,但是可以揣摩的,如何揣摩出这种道,当然就成为将帅首先要做的事情。

第二事"天"。所谓"天"是中国古代思想中的重要范畴之一。它泛指不以人的意志为转移的客观规律性存在,古代更有"神秘主宰"这一层含义。对于"天",人们只可利用而不可改变。

孙子论"天"是以所谓"阴阳"作为辩证之根基的。所谓"阴阳"原指日光的向背,背日为阴,向日为阳。在《孙子兵法》中主要指具体的夜与昼、雨与晴、湿与干、低与高、暗与明、寒与暖等大自然物理变化中的相互依存及转化关系。这与《周易》相似,以"阴阳"作为相互对应、相互影响、相互转化的辩证关系的双方,它突出的不仅仅是上述客观的存在,更强调对立面的转化。《周易》曰:"在天成象,在地成形,变化见矣。"

就"天时"而言,"天"指客观规律性,"时"字则体现出变化的特点。用兵打仗,首先要调查研究的是客观现状、各种大自然的基本条件,但更重要的是摸清各种变化发生的动因、条件、预兆、特征和时机。不论军、政、商三个战场,时机都是至关重要的。谁把握了变化的时机,先入为主,抢占有利条件,则胜利已经大半在握了。

然而,任何阴阳变化都是没有定形的。所以,只有顺应自然规律又不失时机,军事形势才会随时有利于我。任何死板教条和刻意地模仿前人的战例及其战略战术,都会局限或者僵化自己的战斗力,扭曲自己的队伍,偏离战争胜利的主线。

第三事"地"。所谓"地"不仅指地理形势,广义地引申为商业竞争的地域文化特点、对手的分布、政治对手的影响面和群众基础。孙子论"地",从远近、险易、广狭、死生四个方面入手。

所谓"远近"指征途的距离。战场在敌方为远,在本国为近。敌近则我远,敌远则我近。或近或远,各有利弊。也可泛指自己的势力、能力所能够发挥有效影响的最大半径。

所谓"险易"指战争取胜的难度。这也是决定军队征途中军需消耗的重要因素。它也可被理解为自己的专项能力,比如,水路对水军为易,对陆军则为险。

所谓"广狭"指战场地域大小,可以理解为军队势力范围或将军气度。

所谓"死生"指决一胜负的战线或战场,即本篇中所谓的"死生之地"。也可以指攻守自如的生地和进退两难的死地。

对主观古代思想家著作中"地"字的含义,最好放在"天、地、人"三才范畴关系中去理解或思考。

第四事"将"。帅的谋略与战略必须通过将军领兵打仗才能实现,所以《孙子兵法》强调给将军以处理战事的自主权。相比之下,将军行使兵权的方法和结果将会直接影响战争的胜负。所以,古人一向重视对将领基本素质的培养。

孙子从智、信、仁、勇、严五个方面论"将",充分体现了他的"人才观"。

孙子所说的"将"只是指将军,即战争中直接指挥部队运行战术的指挥官,他与制定整个战争策略的元帅有所区别。将军是帅令的执行者,对他的创造性要求则有所限制。要成为合格的将军,就必须同时具备智慧与才能、信心与诚信、爱抚士兵、勇敢果断和军纪严明这五个方面的基本优点,它就是所谓"智、信、仁、勇、严"五德的具体内容,也是对一个优秀将军的基本要求。这样的基本要求是根据"将军指挥的对象是士兵"这一特点而制定的。与之相比,元帅对内指挥将军,对外分析局势而设计谋略。这一点往往被各兵家和注家忽视。

对战争中死生之地和存亡之道的谋略,有一个先决的分析方法和衡量标准。"天地人"三才就是中国传统文化中的这种有机的人文环境。在战争中,所谓的"天地人"三才形成了战争的特殊条件,这是参战部队先天的条件。如果是被动应战,则选择性比较小。如果是战争的发动者,则应当有长期充分的酝酿与准备。

所谓"智"指的是将军领悟元帅意图的智慧、灵活用兵的才干、随机应变的思维和预测敌军的能力。"智"以知识与素养为基础。中国古代道家思想认为"大智若愚",中国传统文化则认为"仁山智水"。

孙子认为,"智"是将军的五德之首,杜牧注《孙子》云:"先王之道,以仁为首;兵家者流,用智为先。"这都说明了"智"的价值和地位。

现代社会中,小到处世说话、察言观色,大到经营企业、处理国际关系,尽管都已有章可循、有法可依,但随机应变越来越显重要了。

所谓"信"有两层含义:一是指将军对元帅的忠心、对国家的诚心和对胜利的信心。二是指将军对部队赏罚有信。它的思想基础源于传统儒家"忠孝"观念。《孙膑兵法·威王问》:"威王曰:令民素听,奈何? 孙子(孙膑)曰:素信。"孔子也认为:"民无信不立。"

所谓"仁"乃是与中国传统儒家精神相通的。孔子说:"仁者爱人。"所谓"仁"的本意是指两个人之间的善良关系,或者指用来协调彼此矛盾的中庸方法。《孙子兵法》所提倡建立的是一种"将军爱士兵,则士兵服将军"的特殊关系。

杜牧认为,"先王之道,以仁为首",这是指文人治国。而"兵家者流,用智为先",这是指武将统兵。他认为:"夫战,智为始,仁次之,勇次之。"首先有"智",才能上知帅志,下达民意。然后"仁",才能与三军共饥劳,使士兵甘愿赴汤蹈火。

所谓"勇"意指将军指挥勇敢果断,尤指将领身先士卒、冲锋陷阵的榜样作用。杜牧注:"勇者,决胜乘势,不逡巡也。"在战争中,"勇"主要表现在果断上。现代战争中已经不需要将军再像关羽、张飞那样身先士卒、横刀立马了,所以判断的准确性和决策的果断性更加重要。

所谓"严"指的是军纪严明,将军能够一丝不苟、不枉私情地执法。杜牧注:"严者,以威刑肃三军。"当然,"严"的执行需要军法及其法度,军法又是与政治密切相关的。所以,"严"是与"法"相辅相成、互为表里的。

与"天地人"三才相比,政治则是战争及军队外部的可变因素,法令(纪律)则是军队内部战争动员的重要内容,两者都是取得战争胜利的重要条件。

战争是流血的政治,政治则是不流血的战争。如何使战争不流血而取胜,就需要政治的力量,这是《孙子兵法》论战的价值取向和首先不战(反战)的积极思想。所以,孙子多次提出"上兵伐谋""全胜"的主张。

在《孙子兵法》之中,"仁本"思想也是十分突出的。他首先主张"不战"，而后不得已战则"慎战"，最后则是"速战"。如果不战，对民对兵均无伤害；如果慎战，士兵与民则少受创伤；如果速战，则可尽快使战争结束，恢复重建家园。所以，孙子的兵法思想具有很深的儒家传统思想的底蕴。

《孙子兵法》的这种"仁本"兵法思想也深深地影响了以后的许多兵家。宋代编辑的《武经七书》中收入有先秦著名兵书《司马法》，其中也充满着与之相似的"仁本"兵法思想。

《史记·孙子吴起列传》中记载：一位老妇得知吴起将军用嘴为她的儿子吸出伤口的脓血，就十分伤心地痛哭起来。因为她明白，自己的儿子也将会像他的父亲那样，为了报答吴起将军的"仁慈"而义无反顾地冲锋陷阵直至战死沙场！爱兵如子也是中国古代统军的妙法，岳家军的团结来自岳飞的爱兵。

有时，人的感情力量将会成为战胜理性的力量。将军的一个重要任务，就是要在战前极大地唤起士兵的忠孝情感和战斗激情。在现代社会中，企业领导对员工的关怀，往往会使他们加倍地回报企业。唯有付出关爱和服务，企业家才能够获得更多的社会回报。

尽管"仁"的力量十分神秘，但中国古代大多数的兵家都认为必须将"仁"放在首位，这和中国传统儒家思想的社会基础是分不开的。然而，《孙膑兵法》的观点却与《孙子兵法》有所不同。它认为应当将"义"放在将军的品德之首，并且认为存在这样的一种逻辑关系："将者不可以不义，不义则不严，不严则不威，不威则卒弗死。"

这种与孙武不同的统兵理念，似乎与后来的法家思想类似。如果是普通士兵，则比较容易被激发出参战的激情，比如爱国激情、复仇激情、报恩激情甚至愚忠。这就可以选用孙武所主张的战争"仁术"。但是，如果面对现代战争中较为理性的士兵，则必须首先说清即将发生的战争的正义性、战术的合理性和取胜的可能性，这就是《孙膑兵法》中"说义"的方法。

因此，将军必须仁义双全，才能收拢军心。在现代战争中，"说义"的成分就明显地增加了。所以，参用《孙子兵法》中对将才的条件要求，应当与时俱进，增加"义"的内容和比重，才能适应新时代的需要。

第五事"法"。所谓"法"，就是指军队内部管理和组织结构与建设的基本章法，突出表现为中国古代军队中以赏、罚为主要手段的军法制度。孙子提出在"曲制、官道、主用"这三方面加强军队停战时期的法治建设。

所谓"曲制"，就是指古代军队的兵种编制、组织人事制度和旗帜或金鼓的分制。《管子·七法》认为："曲制时举，不失天时。"即曲制是一种需要符合天道的典律。

所谓"官道"，不仅指军队那边的人事任命与管理，而且指各级军官之间的领导与被领导关系、军令的通道、各个军阶的分工及其统辖范围等。

所谓"主用"是指军需装备的使用及管理的制度。

在军队管理中，存在着"大义"和"小义"的区别。所谓"大义"是指战争的全局利益及军队为此所进行的法治建设，它是军队战斗力的根本保证。"大义"之下才能公正无私，甚至大义灭亲。我们通常所说的"打有准备之仗"，首先就是指在"大义"这方面能够对应付战争有充分的准备。

与"大义"相比，所谓"小义"往往指小集团利益或局部利益。"小义"过于集中或强大，往往将会与"大义"发生冲突，甚至危害战争的全局利益。因此，军队的领导者必须充分认识到这一点：军队的法治建设是长期、艰巨而十分重要的任务，应当以"法治"代替"人治"。

孙子在当时的历史条件下，能够提出以"法治"代替"人治"的主张，那真是十分了不起的。当然，孙子十分明智，他在方式方法上采用了中国传统的"仁义"道德观作为"人治"向"法治"的过渡。

在吴王面前,他还通过按法斩妃、重整军纪的事实,证明了"法治"的力量。

俗话说"养兵千日,用兵一时",关键在第一句,即养什么样的兵和如何养,更艰巨的是如何才能养兵千日如一日。任何事情坚持最难。能否坚持,它的一个必要保证就是法治。

孙子的"法"论,其根本目的在于加强军队内部的团结,以在战前就能够形成一种"威慑外敌之势"。即本篇所说:"计利以听,乃为之势,以佐其外。"

现代军队是常守之军,首先要防止的是思想的僵化、观念的老化、信息的闭塞和知识的陈旧。加强这方面的调治,是和平环境下军队战略性建设的一项重要内容。

军队的法治有它一贯性、刚性等特点。然而,商业竞争中的"部队"则反而需要适应多变的要求。当然,不论军队,还是政治团体或商业集团,保证战斗力的根本要素应当只能是"团结"。

值得注意的是,《孙子兵法》中的法治内容实际上是围绕"团结"而立论的。团结就是力量,法治才能团结。

所谓"计"。对于"五事",孙子进一步提出以"主孰有道?将孰有能?天地孰得?法令孰行?兵众孰强?士卒孰练?赏罚孰明?"为内容的所谓"计"去衡量。或者说,"计"是对"五事"的具体运用,而且是"知己"的具体内容。

提出问题是比较简单的,但要回答"计"则是相当困难的。比如:回答"主孰有道"这个大问题,即对参战方的君主是否政治清明、持仗正义、广得民心进行评估,很少有人能够在战争结束之前得出比较满意的答案。所以,问题的关键,并不在于战争之前参战方能否有意识地去考虑这七个方面的提问,而在于调查战争对社会经济、文化和人民生活的实际真实影响。当然,作为战争的发动者和最高指挥者,却必须要具有先见之明。不然,将会差之毫厘失之千里!

◁ 周亚夫驻军细柳

【原文】

故校之以计而索其情，曰：主孰有道？将孰有能？天地孰得？法令孰行？兵众孰强？士卒孰练？赏罚孰明？吾以此知胜负矣。

将听吾计，用之必胜，留之。将不听吾计，用之必败，去之。

计利以听，乃为之势，以佐其外。势者，因利而制权也③。

兵者，诡道也④。

故能而示之不能，用而示之不用。近而示之远，远而示之近。利而诱之，乱而取之，实而备之，强而避之，怒而挠之，卑而骄之，佚而劳之，亲而离之。

【译文】

所以可以从下面几个方面推断战争的胜负：哪一方君主政治清明？哪一方将领更有才能？哪一方军队先占了天时地利？哪一方的法令运行自如？哪一方军力更强大？哪一方士兵训练有素？哪一方军队赏罚分明？根据上述分析的结果，我可推知胜方与负方。

将领如果能听我上述的"计"，采用依此而制定的战术，那么战争必然会取得胜利。这样的将领可以留下任职。将领若不听我的"计"而采用了擅自凭空制定的战术，则必然会失败，这样的将领必须免职。

根据所获得的情报来估计战争的利害得失，其结果仅仅只能反映出战争的一种趋向或形势，可用来影响外界造成声势。了解并掌握了这种形势的人，是指那些进一步根据利害得失而制定出适宜之战术方策的人。

用兵打仗，就是指通过某种能够使对方上当的诡秘军事行动。

所以，有能力就必须表现为无能，调动兵力就必须表现为按兵不动。要打击近的目标就必须佯装要攻击远的，要攻击远的目标却表现瞄准近的目标。敌人趋利时我方可以加以引诱，敌人混乱时我方可乘机攻击，敌人准备充分时我方不能掉以轻心，敌人强大时我方应避免正面冲突，敌人愤怒时我方可不断骚扰使敌人乱了方寸，敌人小心时我方可露出破绽使敌人小胜而骄傲放松警惕，敌人安逸时我方要经常去挑衅使敌人疲于应战，敌人团结时我方则可以进行离间。

【注评】

③ 势者，因利而制权也。

孙武是一位相当自负且自信的军事家，他的自负源于他的战争理论，他的自信源于他对战争形势和基本条件的客观分析。所以，他有理由要求并选拔将才。

他认为，战争的形势固然重要，"计"固然可以作为评估战争胜负的主要根据。但是，他也反对经验主义，所以进一步提出"计"的目的不仅是预测胜负，更重要的是在于"制权"。

所谓"权"指的是权衡，灵活处理。一般来说，以某一种原则作为权衡的标准。所谓"利"就是指战争实际的利害情况。孙子在这里提出"因利而制权"，就是强调原则性和灵活性的有机结合、辩证地转化。

任何战争形势的形态和影响，实际上无不在提醒人们注意它其中包含的变化。只有不被"形势"这种外表的东西迷惑、吓晕的人，才能十分冷静清醒地分析局势，估计可能发生的突变，从而提前制定出应急的战术。时刻保持清醒的认识，不为以往的经验和既得的皮毛利益所绊倒，人们才能在政坛、商业竞争中迈出更大步伐。

所谓"佐其外"是指对外部形势的细致观察，这一点很重要。然而，高明者则更进一步，透过"计"所表现的现象（有时是假象），看到战争的本质，真正把握战争的脉搏而争取主动。

孙武似乎暗示我们：由上述"计"而产生的判断，只是对当时或战前形势的预测，一旦战争爆发，形势则随时变化。所以，"因利制权"就尤显重要了。

"计"的根据是所获得的情报。情报的真实性究竟有多少，是不是假情报？这些将直接导致对形势或战局的错误估计，所以只能"佐其外"，不能作为军队行动的决定要素。政治斗争与商业竞争何尝不是这样呢？

④ 兵者,诡道也。

所谓"诡",一般义指神秘而狡猾,真假难辨,虚实不明,布满陷阱。它往往将人的判断引向歧途,从而导致错误的决策及行动。然而,"诡"并不等于"诈",更不等于"奸"。"诈"趋于明,而"诡"趋于暗;"诡"和"诈"重在外形与行动,而"奸"往往深藏于内心;"诡"旨在获利,"诈"旨在使人上当,"奸"旨在害人。如果将"道"字用作动词,则"诡道"就指某种为获战略目的而运行诡秘的特殊军事行动或战略部署。俗话说:"兵不厌诈。"

"诈"在明处,往往以谎言假行迷惑对方,从而使对方行动失策。而"诡"在暗处,无声无息,无形无象。

诈势是明朗张扬、混淆视听的,但诡计是深藏不露的。诈行犹如明枪,提高警惕就可防范,但诡计如暗箭,防不胜防。诈行一旦做出(比如诈降、诈伤、诈死等)就相对稳定而没有变化,但诡计一直在运行、变化、调整和发展之中。诈行使对方乱,而诡计使自己巧,如四两拨千斤。可见诡计高于诈行。

用"诡"能够使对方作出错误的形势判断而自行退出战场。用"诈"则必然走向损人利己的道路。

"诡道"追求一种我所控制的局势,或者说是能够使局势朝向我所能够控制的或对我有利的方向发展。这是诈、谲、奇、权等方式所不能达到的。

可以认为,诡道为君子所用即为权谋,为小人所用即为权术。诡道的作用与性质,乃取决于运用者。君子运用诡道,还必须注意:变化与时机乃是诡道的两大要素。

从总的方面来看,诡道是孙武一贯推崇的那种"不战而全胜"基本战略思想的具体手段。虽然诡道相对于军事活动中的所谓"正道"是为偏为辅的,但是,对于支持军事威慑和政治外交等"正道"来说,诡道却有着不可缺少的重要作用。

从历史上来看,孙子兵法思想的流行,通过以"诡道"求"全胜"

的方式，不仅修正了先秦时期一度被公认而流行的那种宋襄公式"以仁义对敌"的传统战略方针，从而做出了积极的历史贡献，而且它也具有深刻的现实意义、宽广的运用领域和一系列可操作层面。

"诡道"的思想基础，可以从中国传统思想体系中找到根据。中国传统道家经典《老子》提倡"大智若愚""柔弱处下"的处世作风，这几乎成为中国古代谋士共同的人格风范。大丈夫虚怀若谷、深藏不露，这才是能施诡计者的基本条件和素质。

表现出"不能"和"不用"，首先是一种最佳的自我保护方式。对方的警惕是我方最大的敌人。病猫是一种处弱，其背后的真实原因是实力不够而不敌大鼠，故示之不能。若遇睡虎似乎暂时没有什么危害。现在有两种自我保护的方式是"示之不用"，一是虎原来已睡，那么不必将它惊醒。另一则是面对醒着的虎，最好设法让它入睡。"示之不能"和"示之不用"就是一种特别有效的战争催眠法。与之相比，"近而示之远，远而示之近"又是一种"调虎离山计"。

在中国历史上，孙武的后代孙膑就曾采用不断"减灶"的方式，使对手庞涓麻痹，从而终于大胜对手。这种"催眠法"式的表现形式，还有柔里藏刚、绵里藏针、笑里藏刀、图穷匕首见等，经常被人们使用。

"柔弱胜刚强"是一种慢工出细活，如同文火炖鸡、滴水穿石。反过来看，在现实的政坛、商业竞争和人生旅程中，人们往往被身边貌似憨厚的柔弱者击倒，其原因就在于人们首先将他们排除在对手或危害因素之外了，一旦他们出击，人们则措手不及。

当然，正面妙用的例子也很多。比如，当年被敌人关在渣滓洞死牢里的华子良，就曾经以一种比较极端的方式——"装疯"去"示无能"，通过这种"示无能"的掩护，成功地为中共地下党传递出重要情报。

所以，"示无能"与"示无用"往往是面对实力大大强于自己的对手而选用的战术之一，目的是等待时机、争取时间，充实自己或运兵出奇制胜,往往达到"此时无声胜有声"的战争艺术境界。

所谓"示无能"和"示无用"还是一种有效的趋敌手段。对于好战、争名却并不以夺利为目的的对手,他们往往对"无能"和"无用"之辈不屑一顾,甚至清高地放弃进攻。这也就是许多富人和政要深藏不露的原因之一。现实社会中的人际相处,往往提倡一种俗称"夹紧尾巴做人"的处世方式,恐怕也是基于这一点吧。

在本篇中,孙子以八个"之"组成了所谓"八之"战法。它的实质就是变被动为主动。运用"八之"要注意三个方面:

一是条件的深度,指利、乱、实、强、怒、卑、佚、亲的程度。比如非常团结的对手是很难从中离间的,尤其是以共同利益相团结的集团,他们在获利而分之前是团结如一人的。程度过深或过浅都为施"八之"战法提出了不同的特殊要求。

二是诱、取、备、避、挠、骄、劳、离的方式。对象不同且程度不同,那么选用的方式就有所区别,这就是因人而异,因地制宜。

三是"八之"发动的时机,唯有时机是方式与程度的最好黏合剂。这就是说,适合的程度和适当的方式,这两者都是变化的过程,各自的运用曲线起伏不一,只有当两者共处最上线的位置时,这就是成熟的时机,这时呈现的战事状态是:最佳的程度结合最佳的方式,达到最佳的效果。

人们可以灵活地运用"八之"于现实生活的每个领域。举例的效果也许是挂一漏万,但有一个原则不能忘记,这就是:我方以静观动,使敌方物极必反,"八之"力求短兵相接,不可恋战,时机要恰到好处。

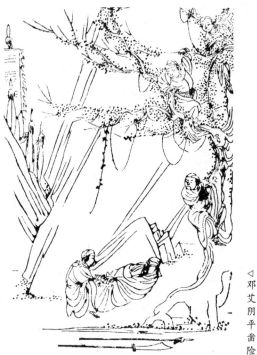

◁邓艾阴平凿险

【原文】

　　攻其无备，出其不意⑤。此兵家之胜，不可先传也。

　　夫未战而庙算胜者，得算多也⑥；未战而庙算不胜者，得算少也。多算胜，少算不胜，而况于无算乎！吾以此观之，胜负见矣。

【译文】

攻击敌方守备的弱处，选择敌方不可预料的战略战术。这是战争一方的指挥者争夺最终胜利的奥妙所在。既没有现成的模式，又不能公布于众。

如果尚未开战就能在庙堂（军帐）中预计出战场趋势和胜负结果，这是因为掌握了大量的基本资料信息；相反，未开战之前不能预测战事的，是因为缺乏可供研究分析的材料。资料缺少则不能把握战势，何况根本就没有资料又不做预测的一方呢！我仅仅从是否做了战前预测这一点去观察交战各方，就可以明了谁胜谁负了。

【注评】

⑤ 攻其无备，出其不意。

"攻其无备，出其不意"几乎成为中国军事家的基本战术指导思想之一，现代世界战争中运用它而成功的例子也数不胜数。

孙武似乎在提醒人们注意，此法的关键有三个方面：一是敌方的无备和不意之处分别是什么？在何处？二是如何攻？如何出？三是"兵贵神速，机不可失"。

孙武认为：上面这些都应当随机应变而因地制宜，并没有现成的公式可以套用。如果可以套用，则一方面成为机械的公式，另一方面现成的公式将为敌所认识，必然已经有现成的防范方案，那么，"出其不意"岂不就成为一句空话么？

上述这种"攻其无备，出其不意"的思想，之所以能够代表着《孙子兵法》的精髓，正如孙子自己所说的：这是"兵家之胜，不可先传也"。

所谓"不可先传"有三层含义：一是没有先人留下来的固定程式，不然就已经为敌人所知而无效；二是不预先通知部队军事的目标与行动的方式，不然就会让敌人间谍获知而有所准备；三是不泄漏信息或表现出某种先兆。

⑥ 夫未战而庙算胜者，得算多也。

《淮南子·兵略训》中说："运筹于庙堂之上，而决胜千里之外。"这里就包含了对远近、险易、广狭和死生这四个地理因素的考虑。

所谓"庙算"是指在庙堂里对战争作出预测和策划。所谓"庙堂"是指战场后方的指挥部或基地，它与千里之外决生死的战场就形成了"远近"的关系。远近之间至关重要的是能够及时有效地传达信息。

在现代社会中，已经将"远近"关系优化为"等距离"了，即高度发达的通信技术使得信息没有了远近之别。所以，问题的焦点就转向了信息的"连续性"和"真假性"这两个方面了。这是现代战争应当有所关注和投入的。

一般来说，险易的地理形态是一目了然的。然而，《淮南子·兵略训》又说："善形者弗法也，所贵道者，贵其无形也。无形则不可制迫、不可度量也，不可巧诈也，不可规虑也。"这就是说，善于分析和利用地形的人，能够适应各种变化多端而且没有一成不变的模式。

现代战争的"地形"已经不仅仅局限在地面上了。制空权是对战双方首先争夺的，空中战场的"地理"形态可谓"一片坦途"，但是危机四伏，险易程度视双方空战形势而随时变化。

现代战争中战场的广狭，已经不仅指战斗场所本身，也包括了后方基地，比如通信的支持、导弹的威慑等，也可理解为"多兵种"作战实力。这样一来，古代战争中"静态"的地理条件就被现代战争中"动态"的地理跨越充实与改造，比如现代战争中的电子战等。

形式往往就是内容的一种特殊表现方式。能否在战前对局势进行充分的分析和预测，这本身是一种用兵的形式。

孙武认为，任何形式都是在不同的侧面反映着军队的基本素质。所以，他认为根据一支军队是否进行战前谋策和预测这一点，就可以估计它取胜的可能性有多少，这是有一定道理的。

当然，战前情报的收集和资料的准备，对分析结果的正确性影响很大，这是众所周知的。

现代战争的一大特点，就是大本营中的分析和谋策，不仅仅能够估计战争的发展趋势，甚至在有些情况下，分析的结果就直接显示战争的胜负。这是因为现代社会中信息是立体的、多元的、全方位的。这种情况下，战争则完全可以避免，指挥部里的形势分析结果往往不是首先用于指导战争，而是提供给决策者，作为与对手进行政治与外交谈判以实现"不战而胜"的有力依据。

所以，"庙算"不仅要分析大的局势和胜负趋势，更应当找到能够钳制对方的要害所在，以己之长克敌之短。

就个人的事业发展和扩大生存空间来说，我们也可将此视为一种特殊的战争。这种战争的对手双方，一方是自己的过去，另一方则是自己的将来。或者说，这场战争是将来的自己反抗、战胜或改造过去的自己的指挥战争。所以，这样的对手之间存在着似近似远、似险似易、似广似狭、似重似轻、似死似生的种种"地形"或"战势"。

我们建议可以采取这样的战略去对付"人生之战"：

近而远之，才能够面对过去的自我，做到旁观者清。险而易之，才能够找出自己主要的弱点和缺点。广而狭之，才能够集中精力，重点突破面临的人生困境。死而后生，才能够对过去的自我，进行不断扬弃，从而永葆青春。

关于所谓"地者"，它包括了战地和征程这两个部分。征程与战场是同等重要的。

现代意义下的战争，征程的胜利就是战场的胜利。这是因为，往往对手双方首先投入竞争的并不直接就是战场，而是征程！征程上潜伏的杀机远远大于战场。比如体育竞赛实际上就是争取过程胜利的竞赛，过程的胜利即直接成为最后的结果。

政治斗争、经济竞争、人生处世、环境改造等大事无不如此。这也就是当代"过程主义"哲学思想迅速发展的一个主要促进因素。

参战的人们，如果进行"庙算"，请不仅关注您预期的目的，还一定要注意您的实践过程！这是《孙子兵法》给我们生存之战的一个重要启示。

【精彩案例】

死生之地，存亡之道，不可不察也。

公元前 589 年，齐顷公发动战争，占领了大片鲁国土地，又打败援救鲁国的卫国。鲁、卫两国便向晋国求援。晋景公即派大将郤克率八百辆战车开到鲁国与鲁、卫两军会合，准备与齐国一决雌雄。

齐国虎将高固见晋、鲁、卫三国联军逼近自己阵地，却不放在眼里，独自一人闯入晋军夺得一辆战车，然后驱车跑回自己营中，且边跑边喊："谁想要勇气到我这里买，我还有很多剩余的勇气！"接连打败三国联军的齐顷公气势正盛，又见高固独闯晋军夺车，便不再把三国联军放在眼里。于是，第二天双方对阵决战。此时，三国联军已是严阵以待。齐顷公对身边将士说："等我灭了敌人再吃早饭吧！"部将连忙劝阻："我方阵势尚未布好，不可进攻。"齐顷公说："他们都是手下败将，只要我军掩杀过去，他们定会抱头鼠窜。"说罢，亲擂战鼓，指挥三军发起攻击。当时战斗空前激烈。齐军准备不足，将士信心不足。

相比之下，晋军元帅奋力击鼓，联军将士士气大振，齐声呐喊奋勇反击，齐军纷纷后退。联军见时机已到便奋力冲杀，齐军落荒而逃，齐顷公幸得御手逢丑父保护未沦为晋军俘虏。

将者，智、信、仁、勇、严也。

周亚夫是西汉开国大将周勃的儿子，素以治军严明而闻名。公元前158年，汉文帝刘恒先后到都城长安南面灞上、北面棘门、西北细柳犒劳护城将士。汉文帝先到灞上，驻守将军刘礼立即大开营门，让汉文帝人马直驰而入，汉文帝犒赏完毕，刘礼又命全营将士列队相送。汉文帝抵达棘门，棘门守将徐厉也和刘礼一样诚惶诚恐，列队迎送。接着，汉文帝向周亚夫驻守的细柳军营走去。

细柳将士望见尘土飞扬来了一队人马，便立即紧闭营门弯弓搭箭，做好了战斗准备。汉文帝的开路使者骑马先一步到营门前，急得放声大喊："皇上马上驾到，你们还不打开营门迎接皇上！"守门将官回话说:"我将军有令,军营中只服从将军命令,不服从皇上诏令。"使者劝逼无果。不久,汉文帝和他的护驾随从也赶到营门前要求开门,守门将官仍以"军营中只服从将军的命令"为由不开门。等到汉文帝派使者拿着符节要去见周亚夫时,守门将官得到周亚夫命令后才开门迎接,但传话给汉文帝及其护驾人员:"将军有令,军营中不许骑马,不许喧哗!"

此时,汉文帝不得不跳下马来,慢慢走进周亚夫军营。周亚夫和几名将军身披铠甲头戴铁盔恭候。周亚夫向汉文帝躬身行礼:"披甲戴盔的军人不能行跪拜礼,请让我用军礼见陛下。"汉文帝犒赏完周亚夫的部队后慨叹道:"这才是真正的将军啊!谁能进犯周亚夫的军营呢?"

汉文帝回都城后将周亚夫提升为中尉,专门负责都城和皇宫的安保工作,临终前又嘱咐皇太子(后来的汉景帝):"将来若有紧急变故,周亚夫是可以担任统帅的。"汉文帝死后,吴王刘濞带领其他六个诸侯王造反,汉景帝即任命周亚夫为太尉率兵平叛。周亚夫不负重托,力挽狂澜,一举平定"七国之乱",为巩固汉朝江山立下汗马功劳。

将听吾计,用之必胜,留之。

隋炀帝以飞扬跋扈、穷兵黩武而闻名。612年,隋炀帝不满高丽国不驯服,便出动水陆大军一百多万远征高丽,却连连上当,屡战屡败,仍不觉醒。当时,右翊卫大将军来护儿率水军经黄河攻到平壤,孤军深入、不谙地形,被高丽军击溃,几乎全军覆没。大将军宇文述率另一支大军进至鸭绿江畔,由于粮草不济陷入困境。高丽国王得知此情便佯装败退,引诱隋军深入,最终一举击溃了隋军,隋军只剩下两千多人逃回大营,隋炀帝只好下令撤军。

隋炀帝急于占领高丽,第二年再次东征高丽,结果又大败而归。第三年又征高丽,尚未进入高丽,国内爆发大规模农民起义,战事不得不放弃。隋炀帝三次东征高丽,耗尽国家人力、财力和物力。之后,农民起义风起云涌,隋炀帝被宇文化及杀死,隋朝随之灭亡。

兵者,诡道也。

春秋时期,在郑国求助下,楚国派出大将成得臣率兵攻击宋国本土,以阻止宋国国君宋襄公领兵攻打郑国。宋军从郑国撤兵时,在泓水遭遇楚军。宋国大司马公孙固劝宋襄公与楚国议和,说:"楚国是大国,兵多将广,我们一个小小的宋国是敌不过的。"然而,宋襄公自信地说:"楚军兵力有余但仁义不足,我国兵力不足但仁义有余,仁义之师是战无不胜的。"便与楚军开战。

战斗开始,楚军强渡泓水向宋军冲杀过来。宋将司马子鱼劝宋襄公下令进攻正渡水一半的楚军,给他们一个措手不及,宋襄公却说:"本王一向主张仁义,敌人尚在渡河,我军便趁此进攻,就谈不上仁义了。"接着,楚军渡河后从容布阵,司马子鱼又劝宋襄公赶快进攻立阵未稳的楚军,也被宋襄公以"不仁义"之由拒绝。楚军布好阵后便以排山倒海之势向宋军杀来,宋军丢盔弃甲,一溃千里,宋襄公本人被箭射中大腿,"仁义"大旗成了楚军战利品。

不久,宋襄公因伤势过重,药石无效而亡。

攻其无备,出其不意。

三国后期,司马昭分兵多路南征蜀国,蜀将姜维与魏国镇西大将军钟会在剑阁苦苦对峙,难分高下。魏国另一大将邓艾对钟会提议派一支队伍,偷渡阴平小道,奇袭成都,出其不意,攻其不备,此时姜维必定回兵救援,将军可乘机夺取剑阁。钟会大笑说邓艾才是最佳人选,转请邓艾起兵。邓艾走后,钟会却不屑邓艾,认为他不过是个庸才而已。

阴平小道位于高山峻岭中,地形极其险要。从阴平偷渡,西蜀用一百人扼住险要即可阻断进犯者归路,进犯者将会冻饿死在山中。难怪钟会对邓艾做出不屑的评价。然而,邓艾深信从阴平小道奇袭西蜀必定能成功,便派自己的儿子邓忠带精兵五千为先锋,在前面凿山开路,搭梯架桥;又选出精兵三万带足干粮绳索,跟着先锋前进。他们每走一百多里便留下三千人安营扎寨。邓军行军二十多天,行程七百里未见人烟。

邓艾率两千魏军突然出现在江油城下,守将马邈不知魏军如何到来,吓得魂不附体,不战而降。邓艾再挥兵直奔绵竹、成都,逼得蜀国皇帝刘禅开城投降,至此西蜀灭亡。此时,蜀将姜维仍在剑阁与钟会打得难解难分。

多算胜,少算不胜,而况于无算乎!

司马懿有谋略又行事果断,曹操闻其名欲聘为官,但司马懿见汉室衰微,曹氏专权,便假托身患风痹予以推辞。对此,曹操不信,便派人扮作刺客前去验证。深夜,司马懿见有人闯入,剑刺过来,立即省悟到这是曹操派来的。于是,他躺在床上一动不动,任凭刺客处置,刺客见状认定司马懿真的患了风痹,便收起利剑回禀曹操去了。不久,天下大势已尽归曹操,司马懿审时度势应允了曹操父子的再次邀请。不过,曹操很快察觉司马懿很有野心,便疑惧他。这一变化被司马懿发觉。于是开始表现得计较眼前小利,一副胸无大志、目光短浅模样。曹操父子又一次被他瞒过。

230年,魏国拜司马懿为大都督与蜀国抗衡。当时蜀国比魏国弱小,因此,蜀国希望速战速决。对此,司马懿却坚守阵地不出战。诸葛亮派人送来女人衣服首饰想激怒他,他却坦然受之,始终按兵不动。最后,诸葛亮积劳成疾,病死在五丈原,蜀兵只好退兵。

247年,曹爽把持朝政,对司马懿很不放心,于是司马懿又一次装起大病。曹爽派心腹李胜前去探看,见司马懿"令两婢侍边,持衣,衣落;复上指口,意渴求饮……"他还央求李胜日后照顾他的两个儿子。曹爽得到李胜回复后放下心来。两年之后,正当曹爽陪同小皇帝曹芳离开京城时,司马懿突然发动政变独揽大权。后来,他的孙子司马炎废魏帝建立了晋王朝。

作战篇第二

【原文】

孙子曰：凡用兵之法，驰车千驷，革车千乘，带甲十万。千里馈粮，则内外之费，宾客之用，胶漆之材，车甲之奉，日费千金，然后十万之师举矣。

其用战也胜，久则钝兵挫锐。攻城则力屈，久暴师则国用不足。夫钝兵挫锐，屈力殚货，则诸侯乘其弊而起，虽有智者，不能善其后矣。

故兵闻拙速[①]，未睹巧之久也。夫兵久而国利者，未之有也。

故不尽知用兵之害者，则不能尽知用兵之利也[②]。

善用兵者，役不再籍，粮不三载[③]；取用于国，因粮于敌，故军食可足也。

【译文】

孙子说：古代出兵征战，需要准备一千辆轻型战车、一千辆运衣服粮草等军需用品的重型大车，穿戴盔甲的士兵十万人。如果是越境千里去征战，那么，从后方大本营到前方战场的运输、与诸侯之间的礼宾、兵器的修缮、马匹和士兵的给养，每日都会消耗千金，开支巨大。只有准备好这些，才能让十万士兵登上征程。

大军的征伐必须要求速胜。战势旷日持久，就会使军队疲乏而失去战斗的激情。攻打敌人坚守的城池，会使军队的兵力很快耗尽。长期在千里之外远征，会使国库空虚。在兵力疲软、战斗力低下而又缺乏军需支援的情况下，各诸侯国就会乘机发兵袭击本土，国内即便有足智多谋的人，也不能力挽狂澜。

所以，只听说过虽然战术笨拙但力求速战速胜的战例，却没有见过因为战术精巧而故意延长战争时间的战例。从来就没有长期征战而国家经济仍不断富强的先例。

所以，若不全面了解长期用兵的害处，就不可能了解"兵贵神速"带来的好处。

善于用兵的指挥官，不会再次征兵，不会多次向前方运送粮草；军需武器由国内提供，粮草则由部队在当地解决，这样部队的粮食就充足了。

【注评】

① **兵闻拙速。**

俗语有"兵贵神速"。这里含有两层含义,其一是打对手一个措手不及,其二则是指战争因为劳民伤财,所以要速战速决。

本篇中的"拙速",是由"拙"与"速"组成的词组。"拙"指战术上虽笨拙,"速"指在发起攻击时追求速胜。而"巧之久"则是指战术精致但进行长时间的消耗战。

侵略战争是以掠夺对手财富为基本目标的。

强国进攻弱国也许是一场速战,但是,现代国家弱国之间已经形成战略同盟,强弱悬殊正在缩小,对抗力量正在趋于平衡,尤其核威慑力量加入了抗衡力量之中,速战的可能性越来越小。

② **故不尽知用兵之害者,则不能尽知用兵之利也。**

孙子提供了一种很好的思维方式,即"排除法"。这种思维方式的逻辑过程表现为:先列出用兵中有害的方式,剩下的方式则大多是有利的。

教训往往是沉重的,让人刻骨铭心。人的心理特点是:回忆教训时往往异常清醒,回忆胜利时则往往陶醉而模糊。根据人的这种心理特点,结合孙子这种特殊的思维方式,我们就可以试着反过来根据所面临的有害局势,设计出对我有利的策略和战术。这样设计出的"利计",才是具有针对性的。

③ **役不再籍,粮不三载。**

在中国古代,"一井"为八户人家,即"井"字的周边八格。一丘即"十六井",一甸即"六十四井"。所谓"丘役",张预注为:"国用急迫,乃使丘出甸赋,违常制也。"即指战争的紧急需求,往往会增加百姓的成倍赋税。

战争中后勤保障工作是一项艰巨的任务。孙子在这里提出"役不再籍,粮不三载"的思想或主张,仍然是为了贯彻"速战"的原则。从古到今，多次征兵必然将使国内百姓因前方战事和伤亡而产生心理不安。多次向前方运送粮草，必然会使百姓认为自己的军队在前方并没有迅速取胜而站稳脚跟，不能因地制宜，控制当地的资源为我所用。这是战争心理层面的负面影响。另一方面，长期远征将使国库空虚、百姓负担增加，如孙子所举例。

至于能否"因粮于敌"，则必须具备以下三个基本条件：一是敌人或对手的军士已经与他的君主或领导离心离德；二是我方确为正义之师，而且不以占领和掠夺战争为根本目的；三是为我所用的对方人员被利益吸引。

再看，"兵马未动，粮草先行"这句古话，含义宽泛而深刻。它并非指在部队到达战场前要运去粮草，而是指对军需和费用等准备工作必须做在出兵之前，任何事真正发动之前，准备工作必须先行。这已经是常理了。

孙子在这里有另外一层意思。他的暗示是：任何战争，尤其是远征都是劳民伤财的。一定规模军队所消费的国库资金是相当巨大的。十万之师的这一"举"，付出的代价是多么沉重啊！我们可以联想到，将一个产品打进一个过去不属于自己运营范围的地区，也必将要花费甚多。

这一点就成为孙子"不战"或"慎战"主张的根据。所以，"兴师动众"，必须慎之又慎！

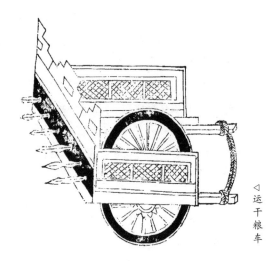

◁运干粮车

【原文】

　　国之贫于师者远输，远输则百姓贫。近于师者贵卖，贵卖则百姓财竭，财竭则急于丘役。力屈财殚，中原内虚于家。百姓之费，十去其七；公家之费，破车罢马，甲胄矢弩，戟盾蔽橹，丘牛大车，十去其六。

　　故智将务食于敌。食敌一钟，当吾二十钟；蒫秆一石，当吾二十石。

　　故杀敌者，怒也；取敌之利者，货也。④

　　故车战，得车十乘已上，赏其先得者，而更其旌旗，车杂而乘之，卒善而养之，是谓胜敌而益强。

　　故兵贵胜，不贵久。

　　故知兵之将，生民之司命，国家安危之主也。

【译文】

国家一味追求远征打仗，就必然要源源不断地长途支援。长期支援前方战争，则后方的百姓将会贫困。战场附近的地区将物价飞涨，而当地的百姓也会因为必须购买高价的生活用品而使积蓄枯竭，百姓穷困，国家就会变本加厉地征发丘役。部队战斗力下降、百姓资财耗尽，国中百姓家园就会支离破碎。百姓的私产，将损失十分之七。国家用于更换车马，增添铠甲、头盔、箭矢、弓弩、戟、盾牌等兵器，从远处购买大牛等费用，将耗去国库的十分之六。

所以，明智的将领必须在敌人国境里补给自己的粮草。在敌国境内食用一钟的粮食，就可以节省从国内运来二十钟粮食的费用。在敌国取用豆秆一石，可以节省从国内运来二十石豆秆的费用。

所以，杀死敌人，是为了发泄仇恨和愤怒；夺取敌人的军需物品，是为了补充和奖励军士。

所以，在车战中，凡是缴获十辆战车以上，就奖励那个首先缴获战车的士兵，并且将我军的战旗插在缴获的战车上，分类编入我军的队伍，对于俘虏要优待并保证供给，这就是越胜利就越能够扩大自己队伍的做法。

所以，打仗贵在速战速决，而不宜旷日持久。

所以，懂得怎样对待下属的将领，可以称为保国安民的命运之神，可以主宰国家的安危。

【注评】

④ 杀敌者，怒也；取敌之利者，货也。

在这里，孙子所说的意思是：杀敌是为了泄愤，夺利是为了奖赏。

读到这里，已经让人深深地感觉到：孙子是一位主战派人士。只不过与其他兵家比较，孙子更加有理性、有分寸、有方法。在他骨子里的基本认识是：仅仅按照宋襄公式的"礼仁"之战理念，实际上不能达到保国安民的目的。指挥军队的将领虽然拥有着杀伐的大权，但是，战争的目的绝不是为了将敌人灭杀而尽。

摧毁敌人战斗力的方式有许多种，肉体的消灭是不得已而为之，是下策。削弱敌人的同时要设法壮大自己，奖励士兵和优抚俘虏都是明智的方策。

施行"仁战"和如何将人性本善、追求和平的战争理念贯彻在战争中，有它一定的前提。这个前提就是必须赢得战争的决定性胜利，胜者为王，只有赢家才有主宰的地位和权力。

战争是残酷的。因此，如何将"仁爱"这种中国传统思想中的精粹理念灵活而又切实地运用于战争，这是一门很深的学问。

它包含着两项基本的要求：一是战争胜利者所秉持的正义与和平的基本立场；二是将领们胸怀尊重人类、爱民爱兵如子的慈善情怀。

中国明代著名的学者王阳明曾经面对战争的无情而深发感慨，所以闭门悟道、发掘人性的真谛，终于独创"心学"，主推人的"良知"，以此作为判断是非以及处理战争的分寸。他的理论已成为中国哲学思想史发展的重要里程碑，王阳明的目的是力图解决在战争的残酷现实中，人们如何能够保存人性中的"良知"。

如果以王阳明"心学"中所谓"良知"的本体性意义为根据，那么，"能够杀敌"这一条就已经不再适合作为优秀将领的首要标准和基本要求了。与之相比,唯有能够最终胜利才是绝对的标准。

然而,"唯有胜利"这个最终标准,对将领如何才能仁慈地通过"谋伐""不战而全胜",或者以小杀伤获得大胜利等手段最终实现社会的和平,其要求就更高更难了。如果有这样的将领,他必将更加令人崇敬。

现代社会中,人们开始不知不觉地将《孙子兵法》中的"善战"思想运用到实际交往之中了。企业的重组兼并过程应当优化组织结构,对被兼并方的能者须善用,弱者须安抚,尤其要为"弱势群体"创造就业。

综上所述,《孙子兵法》中"取敌之利而货"的思想具有现代意义,若进一步则可"化敌为友",一体化发展,可以达到"双赢"共荣。

【精彩案例】

故兵贵胜,不贵久。

袁绍兵败官渡呕血而死,其子袁熙、袁尚投奔了乌桓的蹋顿单于准备东山再起。曹操为消灭蹋顿单于和二袁,于207年亲自远征乌桓。由于人马多粮草辎重多,行军一个多月才到达易城(今河北雄县西北)。此时,谋士郭嘉对曹操说:"兵贵神速。只有深入敌境,打个措手不及,才能取胜。"曹操接受了郭嘉意见,亲率几千精兵日夜兼程,奔袭五百多里崎岖山路,突然出现在距蹋顿老窝柳城仅一百里的白狼山,遭遇蹋顿单于的几万名骑兵。曹军见敌我兵力悬殊,明白只能拼死一战才有活路,因此人人拼死战斗以一当十。战斗空前残酷,曹操的几千人马死伤大半。蹋顿单于也损兵折将群龙无首,终于被曹操打败。

袁熙、袁尚听到蹋顿阵亡,便带领随从逃出乌桓,投奔了辽东太守公孙康,不久便被公孙康设计杀死。从此,曹操的北部边疆安定下来。

谋攻篇第三

【原文】

孙子曰：凡用兵之法，全国为上，破国次之；全军为上，破军次之；全旅为上，破旅次之；全卒为上，破卒次之；全伍为上，破伍次之。

是故百战百胜，非善之善者也；不战而屈人之兵，善之善者也①。

故上兵伐谋②，其次伐交，其次伐兵，其下攻城。攻城之法，为不得已。

修橹轒辒，具器械，三月而后成；距闉，又三月而后已。将不胜其忿而蚁附之，杀士三分之一而城不拔者，此攻之灾也。

【译文】

孙子说:一般的用兵取胜原则是,使敌国举国降服为上策,攻破敌国就略逊一筹;使敌人全军、全旅、全卒、全伍一兵不损地完整降服是上策,而用武力打垮敌军、旅、卒、伍则略逊一筹。

将军虽能指挥军队百战百胜,但并不一定是最好的将军。如果能不与敌交战就使敌人屈服,这样的将军及其战争策略才是最高明的。

所以,用兵的上策是以智取胜,以谋略造成有利形势而迫敌投降;其次是用外交手段,瓦解敌军或者迫使敌方牺牲利益;再次就是举兵征讨,短兵相接肉搏取胜;下策则是攻打敌人固守的城池,只有在不得已的情况下才能选择攻城。

制造登城用的大盾和四轮大车,准备登城的器械,需要花三个月时间;堆积攻城用的小土山,又将花去三个月时间。时间之长往往会引发将领难以克制的愤怒和急躁的情绪,以至于在准备并不充分的情况下,命令士兵像蚂蚁一样地登梯攻城。其结果将会是三分之一的士兵被杀而敌城仍未攻破,这就是攻城带来的灾难。

【注评】

① 不战而屈人之兵，善之善者也。

战争总是要流血的。不流血战争的战场，往往不是在军事势力的范围之内，而是在政治、经济等一系列复杂因素构成的特定环境之中。

所谓"不战而屈人之兵"，指的是不动用武力而取得最终胜利的战争。在这种"战争"的背后，政治和经济斗争将尤为激烈。

历史经验告诉我们，不战而屈的一方，总是以割让自己部分利益作为和谈条件，尤其那种为了媾和而导致民族利益损失的让步，其历史代价将远远大于士兵流血的代价，鸦片战争和甲午战争就是很典型的例子。

试问，究竟应当以流血战争去赢得民族和国家的主权和领土完整，还是应当以牺牲部分民族或国家的利益去达到保存人民甚至士兵之身家性命的目的呢？这实际上是一个十分具体而且回答困难的问题，也是孙武十分关注的问题。

孙子"全胜"的战略观点，其立场明显是站在进攻者的角度。然而，作为被侵略而抵抗的一方就并非赞同这种思想，所以，"全"的意义是相对的。

实际上，如果对方完整而全部地降服，表面上是"未破"，实质上是形式完整而内在精神和组织结构"全破"。难道胜利一方不会对投降国的军队进行整编或改制吗？

"不杀人"虽是"善行"，但是，这种所谓的"善行"往往必须以摧毁对手原有的民族气节和统一意志为前提。这要比夺取对手性命更为残酷。所以，孙子的"全胜"思想实际上暗藏着极大的"杀机"，内含着"全破"的韬略，这一点往往被大多数兵法研究者忽视。

战争是流血的政治，这是一种取胜的下策，政治是不流血的战争，这相对而言就是上策了。"百战百胜"是对将军才能的要求，而

"不战而屈人之兵"则是针对国家政治、经济等整体实力。

在现实生活中，存在着两种可能的应用方式：一种是如果想保全某一方的利益，就必须"有所为而有所不为"，舍得损失或主动放弃其他一些次要的既得利益，目的是"丢卒保车"。另一种是你不得已而必须生存，就要有越王勾践十年"卧薪尝胆"、韩信当年"胯下受辱"、刘备屈身与曹操"青梅煮酒论英雄"那样深得城府和"借尸还魂"的胆略。这里的关键是在形式上遭遇"全败"之后，仍然保持在精神上"不败"。如果孙武得到的是这样一种"全胜"，他必将汗颜！

② 上兵伐谋。

孙子在此采用"攻城之灾"来反证伐谋的高明。中国先秦道家代表人物老子崇尚"无为而治"的君王风格，与孙子上述思想有着相通之处。军在外，将为王，无为而治，以柔克刚虽是深刻的功夫，却是文人精神，所以，武将能用此策者，必是文武双全的人杰。

另外，将领的谋略深浅造成的结果非同小可，大至战役是否胜利，小至士兵是否伤亡。所以，将领必先修心再修行，先制气再制军。谋伐，首先是谋己，然后才能谋敌。将领首先能够领导自己，然后才能领导军队。所以，武将多学文史哲，不仅不会变得文弱不济，反而会培养出粗中有细的工作作风、有条不紊的太极功夫和后发制人的沉着智慧。

孙子提出了"全胜"的基本要求和标准，但没有提出"如何谋"的方略，有原则而缺内容，仍然停留在理念层面上。这也反映出孙子曾经是一个道德理想主义者。

谋攻，其目的在于全胜。全胜，其目的又在于既保护百姓的财产，又能全获敌方的利益。然而，即使是谋攻，要想达到全胜也是不太容易的。历史上田忌赛马就是很好的例子，虽然田忌采用了下马对上马、中马对下马、上马对中马的谋略，取得的战绩仅仅是三局两胜，不能获全胜。

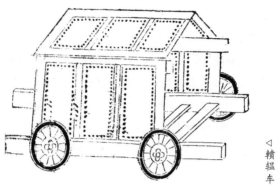

◁赣辒车

【原文】

故善用兵者，屈人之兵而非战也，拔人之城而非攻也，毁人之国而非久也，必以全争于天下，故兵不顿而利可全，此谋攻之法也。

故用兵之法，十则围之，五则攻之，倍则分之，敌则能战之，少则能逃之，不若则能避之。

故小敌之坚，大敌之擒也。

夫将者，国之辅也，辅周则国必强③，辅隙则国必弱。

故君之所以患于军者三：

不知军之不可以进而谓之进，不知军之不可以退而谓之退，是谓縻军。

不知三军之事，而同三军之政者，则军士惑矣④。

不知三军之权，而同三军之任，则军士疑矣。

【译文】

所以善于用兵的人，不通过战斗而能使敌人屈服，不攻城而能获得敌人的城池，不用很长时间就能毁掉敌人的国家，必然只能依靠"全胜"的战略而争胜于天下，所以军队用不着参战又能获得预期利益，这就是以谋略战胜敌人的基本要求。

惯常的用兵之法是：兵力十倍于敌人，就选用围剿战；兵力五倍于敌人就去发动进攻；兵力超出敌人一倍，就可以分出一部分作为侧袭的奇兵；与敌军兵力相等可以选用对峙的战术；比敌人兵力少则可以选择撤退；如果兵力远不及敌军，就要避免正面遭遇敌军。

所以，弱势兵力一味顽强地正面抵抗对峙，则必然被强大的一方擒获。

军队将领是国君的助手，将领的才智周全、计谋周密，国家就必然强盛，才智欠缺，辅助不周备，国家就一定衰弱。

一般来说，国君危害军事的情况有三种：

一是不了解军队可否进退而下命令让部队进退，这就是在束缚军队。

二是不了解三军不同的事务，而将他们一视同仁，士兵就对自己应当承担的角色、任务和责任产生了迷惑。

三是不了解三军相互平衡、配合、互补的战略意义，而是让他们去完成同一性质的战术任务，士兵们就会怀疑将领的决策和指挥能力。

【注评】

③ 辅周则国必强。

姜太公曾经说过："得士者昌,失士者亡。"

中国古代,谋士与将帅分属文、武两个系统。往往由谋士向君王或统帅出谋献计,然后交各路将领率兵执行,将领的智慧,特别是谋策的能力既不被要求,也不受重视,将领及其军队只是政治的工具。所以,古代政权推崇的是谋士的智慧和将领的威武。

早在战国时期,孙子就提出了武将也要修养文思的要求,是一种创新。一介武夫是无助于国、无助于君的。这就是说,不仅统帅精于策划,将领也要在执行军事计划时有比较周全的考虑,而且将军更为接近现实战场环境,能够或有必要根据实情对既定战术进行灵活调整。

在现代经济社会活动中,经济利益集团在选派驻外地的分支机构领导人员时,不仅通常必须考察他能否具有处变不惊的魄力,更需考察他能否具有比较全面的策划能力。处变不惊往往是在外交"守势"中必备的基本能力,因此,要想在大本营的远方开辟一片战场或开拓一番事业,独立策划能力就显得格外重要了。

所以,《孙子兵法》本篇中的所谓"辅周者",当指担任远离本土、肩负战地指挥重任的将领。

④ 不知三军之事,而同三军之政者,则军士惑矣。

政治与军队的关系总是十分的微妙。政治家与军队将帅的关系必须处理得当。政治讲究的是战略方针和战争的目的。军队讲究的是战术的效果和对战势的控制。在政权的领导下,军事集团应当有一套自我完善而又相对独立的机制。政治、军事包括经济活动都有自己独特的发展规律,不能互换,不能等同。

曹操曾经说过:"军容不入国,国容不入军,礼不可以治兵也。"孙子提醒人们注意君主与军队的关系,可以启发我们如何去改善对政治与经济之间关系的认识,以及如何处理好两者关系。政治领导往往抓大局,宏观地提倡某种精神,指引大目标。但经济活动却由许多层面、许多领域的具体工作组成,所以需要将一些理念落地。

毛泽东曾经提出,最高领导必须学会"十个手指弹钢琴",这样才能使不同的音符恰到好处地发出自己的声音,从而组成最悦耳的乐曲。然而,每个音符是否发准了音、发出了应有的音量,这就是每个按键的事了。我们可以形象地比喻为:具有十个手指的双手属于政治领袖或军事统帅,每个键就是各个不同战场阵地中的"将领"。显然,彼此的分工和责任是十分明确的。

◁
距
闉

【原文】

三军既惑且疑，则诸侯之难至矣，是谓乱军引胜。

故知胜有五：知可以战与不可以战者胜；知众寡之用者胜；上下同欲者胜；以虞待不虞者胜；将能而君不御者胜。此五者，知胜之道也。

故曰：知彼知己者，百战不殆⑤；不知彼而知己者，一胜一负；不知彼，不知己，每战必殆。

【译文】

　　发生了上述三种情况，伺机已久的诸侯国就会乘虚而入进攻发难，这就是我军自乱给敌人造成了取胜的机会。

　　预测胜利的方法有五种：一是如果了解哪些仗可以打，哪些仗不可以打，就能胜利；二是如果了解如何根据战况的发展掌握用兵的多少，就能胜利；三是如果君臣一心，将士同心协力、统一意志、共下决心，就能胜利；四是如果以有备之师去迎战没有准备的敌军，就能胜利；五是如果充分发挥将领的指挥才能而国王君主不加干涉，就能胜利。以上五种就是预测胜利的方法。

　　所以说：既了解敌人又了解自己，战斗一百次都不会有任何危险；虽然不了解敌人但了解自己，那么取得胜利的可能性只有一半；既不了解敌人也不了解自己，每次战斗都会有失败的危险。

【注评】

⑤ 知彼知己者，百战不殆。

关羽千里走单骑，张飞一喝吓退千骑，这些都是英雄史话和鲜见的奇迹。对战争双方或多方进行兵力的分析比较，从而选定进、退、围、撤的战略，这是一种科学对待军事的态度。战争中确实有许多奇迹发生，这都是科学用兵的结果。

孙子的上述"知彼知己者，百战不殆"战术理论，首先建立在"知彼知己"的基础之上。战争主要是实力的较量，穷兵黩武却往往是虚张声势、黔驴技穷的表现。

任何形态的对立斗争，双方的力量对比都是随时发生变化的，所以，是围、是攻、是战、是逃、是分、是避？必须讲究灵活机动的战术。教条主义的战术则相当危险。孙子给我们的提示是处理任何问题，必须随时把握动态，随机应变。这些也都将以实事求是的思想为基础。

孙子认为，预测一场战争是否有利于我方，我方是否能够取胜，可以从几个层面去分析：

第一，军队统帅这一最高指挥者应当明白自己的军队是否能够去参战，它的根据是国家利益、军队实力和国际政治形势与军事格局。第二，将领是否具备在实战中能够灵活用兵的能力。第三，军队内部是否统一和团结。军队不仅应当成为用来防御的铜墙铁壁，更应当是一只用来打击的五指紧握的拳头。第四，军队是否做好了充分准备。第五，政治与军事的关系，是否能够做到如古人李筌所说的模样："将在外，君命有所不受者胜，真将军也。"

这五个层面形成了一种对军队实况的立体考察。从中可见，明确每个人在战争中的位置及作用、责权是至关重要的。孙子的上述方法，同样可以反过来用于对敌军预测，这就是"知彼知己"之道。

"知彼知己，百战不殆"之所以成为千古名句、警世格言，是对实践的总结。所谓"知彼"，不仅指了解对手的客观条件，比如装备兵力、所占地势、所结同盟，更要了解他们的战略意图、将士心态。因此，在调查对手客观条件的同时，更要了解对手的主观状态。"知彼知己"的目的，并不是做表面文章，而是强调已经知彼知己的双方，谁的计谋为上，胜利就会向他倾斜。

现代社会是信息社会，各种信息几乎是互通有无，任何军事设施和兵力布置几乎成为公开的情报，唯有指挥者的战略意图深藏在内、不易揣摩。分析现代战争，尤其知彼与知己，必须综合考察国际政治与经济的形势，现代战争往往仅被作为实现特殊的政治目的和经济目的的强力手段。所以，"知彼"的调查对象就不能仅局限在军队本身，反而是绝大部分的精力应当放在研究对方的政治企图和经济目的上，尤其是对方政府的相关政策、国情及国家利益在特殊时期的特殊要求。所以，军队的高级将领必须学习国际政治，了解国际政治，分析国际形势。

当然，孙子提出的这个道理也可以被灵活地运用在许多领域。比如：通过充分地了解股票市场背后相关上市企业的发展现状，以把握买卖的最佳时机；在兼并重组另一个企业的过程中，不仅要注意分析对方资产等客观条件，更要分析对方领导和职工的思想动态，以便制订最佳方案；任何产品欲打入别的市场，必须首先知己之长，知对方之短，知市场之急需，知当地百姓的心理习惯，知环境的优劣等。

【精彩案例】

不战而屈人之兵，善之善者也。

秦朝灭亡后，刘邦为牵制项羽，命韩信侧翼迂回。韩信仅用四个月就灭除了魏国、代国，越过太行山逼近赵国。赵王歇和赵军统帅陈余率领号称二十万的兵马集结在井陉口。谋士李左车向陈余献计道："韩信长途跋涉必定粮草不足，井陉山路狭窄车马难行，汉军粮草必然落在后面。我们派三万精兵从小路截断粮草，再深挖沟、高筑垒，坚守营寨不与他们交战，用了不十天就可以活捉韩信。"陈余一口回绝了李左车的建议："兵书上说兵力是敌人的十倍就可包围他，韩信不过两三万人马，怕他什么！"韩信知后窃喜，便以背水为阵和疑兵之计一举击溃赵军，杀死陈余，活捉了赵王歇和李左车。当时，众将士以为韩信必杀李左车，但韩信一见李左车，立即亲自为他松绑，请李左车坐在上座，自己坐在下手，俨然是弟子对待师傅。

当时，李左车说："败军之将，不敢言勇；亡国之大夫，不可图存。我是将军的俘虏，将军何以这样对待一个俘虏呢？"韩信说："从前，百里奚住在虞国，虞国被消灭了，秦国重用了他，从此才强大起来。今天您就好比百里奚，如果陈余采用了你的策略，我早已是您的俘虏了。我是诚心向您请教，请您不要推辞。"李左车见韩信真心敬重自己，这才开口说道："将军连克魏、代、赵三国，但将士们已十分疲劳。燕国凭险而守，将军再去攻打恐怕要力不从心了。"韩信问计，李左车答道："将军已是威名远扬，可一面安抚将士和赵国百姓，一面派使者去燕国晓以利害，就能不战而使燕国屈服。"于是，韩信修书一封，派一名能言善辩的使者送往燕国，同时又按照李左车的建议把军队调到燕国边境威慑。燕国君臣早知赵国灭亡，今见韩信大军压境无不惶恐。燕王看了韩信的书信后，立即表示同意归降。

这就是，只凭一纸书信未费一兵一卒，韩信就顺利地拿下了燕国。

知彼知己者，百战不殆。

清朝科尔沁博多勒噶台亲王僧格林沁与捻军大战，由于多次取胜，便不把捻军放在眼里。1860年，太平天国遵王赖文光率部分太平军与张宗禹的捻军会合，大大增强了捻军力量。僧格林沁忽视了这一点，依然制定了"跟踵穷追"的作战方针，妄图剿灭捻军。僧格林沁的"僧军"有一万二千人且多为骑兵，因此部将劝僧格林沁"穷兵勿追"时，僧格林沁自信地说："我骑马的时候，他们还不知道马有几条腿呢！"

1865年，捻军将僧军诱入河南鲁山，杀死了僧格林沁的心腹将领恒龄和舒伦保。僧格林沁被激怒，于是跟踪捻军穷追不舍。捻军放弃硬拼，决定将计就计在河南、江苏、山东境内与僧格林沁周旋。五个月中，捻军辗转于河南、江苏、山东三省，僧军尾随其后日夜兼程疲惫不堪，至数百僧兵死于非命。清廷察觉到僧格林沁孤军穷追十分危险，劝他"择平原休养士马"，警告他"勿轻临敌"，但僧格林沁错误判断捻军也疲惫不堪，只需一击即可获胜。后来，捻军急行军到达山东曹州府城西高楼寨。这是一条防黄河泛滥的河堰，一片片茂密柳树林适合于埋伏千军万马，更利于步兵作战。捻军将主力埋伏在高楼寨，以小股部队迎击紧追而至的僧军。

僧格林沁终于追到捻军，捻军佯装败退时他也未发觉是计，驱马追赶，直至进入捻军精心设下的埋伏圈。捻军先消灭了左右两路僧军，逼迫僧格林沁率中军退入一座荒废多年的庄子。此时，赖文光和张宗禹率捻军主力将僧格林沁层层包围，又围绕庄子建重重营垒。

一日，僧格林沁率少数兵马乘夜色突围，但刚刚逃出庄子便落入捻军的柳林陷阱。僧格林沁孤身奋战，最终阵亡。高楼寨一役，轻敌愠愤的僧格林沁及其骄悍一时的僧军全部覆灭。

军形篇第四

孙子曰：昔之善战者，先为不可胜，以待敌之可胜。不可胜在己，可胜在敌。故善战者，能为不可胜，不能使敌之可胜①。

故曰：胜可知而不可为②。

不可胜者，守也；可胜者，攻也。守则不足，攻则有余。善守者，藏于九地之下；善攻者，动于九天之上③。故能自保而全胜也。

见胜不过众人之所知，非善之善者也；战胜而天下曰善，非善之善者也。故举秋毫不为多力，见日月不为明目，闻雷霆不为聪耳。

古之所谓善战者，胜于易胜者也。故善战者之胜也，无智名，无勇功。故其战胜不忒。不忒者，其所措必胜，胜已败者也。故善战者，立于不败之地，而不失敌之败也。

【译文】

孙子说：过去善于指挥军队的人，首先是努力创造条件，保证自己不被敌人战胜，然后等待敌人露出破绽，立即乘机取胜。不被敌人战胜的主动权在自己，而能否战胜敌人，取决于敌人是否有机可乘。所以，善于打仗的人，应当是那些能够在自己不利的战事中有所作为的人，能够创造自己不被敌人打败的条件的人。

所以说：胜利只能预测，但是不能强求。

想要不被敌人战胜，就要加强防守。想要战胜敌人，就要进攻得当。兵力不足可以选择守势，兵力富余可选择攻势。善于防守的人，如同藏在地下九层深不可知；善于进攻的人，如同从九霄而降使敌人猝不及防。所以能够保全自己又能夺取胜利。

预见胜利不超过百姓的一般见识，并不是高明的智慧。激战胜利而赢得了百姓的欢呼，并不是高明的智慧。所以，能将野兽的新生毫毛举起并不能说成是有力量，能看见日月并不能称之为视力好，能听到雷霆的轰鸣算不上耳朵灵敏。

古时候所说的善于打仗的人，总是战胜那些容易被战胜的对手而获得名声。所以，真正善于打仗的人打了胜仗，既不显露他的智慧，也不贪求浮华的功名，更不张扬他勇武的战功。他们能够取得胜利，是因为指挥中没有错误。之所以没有错误，是因为他们将作战的措施建立在必胜的基础之上，这样指挥作战，如同与已经失败的敌人作战一样。

【注评】

① 善战者，能为不可胜，不能使敌之可胜。

所谓"先为不可胜"，指的是首先要努力创造条件，使敌人不可能有机会战胜我军。所谓"敌之可胜"，则是指通过各种有效的方法，使敌人露出破绽，为我军创造取胜的条件。先站稳脚跟，然后才能重拳出击，就是这个道理。

北宋景德元年(1004)，许洞在兵法专著《虎钤经·先胜》中写道："何谓必胜？曰：先务三和，次务三有余，次务三必行。何谓三和？曰：和于国，然后可以出军；和于军，然后可以出阵；和于阵，然后可以出战。国不和则人心离，军不和则教令乱，阵不和则行列不整……何谓三有余？曰：力有余，食有余，义有余也。力无余则困于斗，食无余则怠于时，义无余则吏士怨……何谓三必行？曰：必行其谋，则奸机不成；必行其赏，则好功者不爱死；必行其罚，则有过者不归咎。"这段文字所反映的思想，是对孙子上述主张的进一步阐发。和于国、和于军、和于阵，或者力有余、食有余、义有余，都是"先为不可胜"的具体准备工作。

② 胜可知而不可为。

将军的基本素质之一，就是具有圣人、贤士、高谋、奇人的超常智慧。军队是政权的扩展，战争是民族精神的延伸。圣人、贤士、高谋、奇人以他们特有的智慧，对民族精神颇有领悟。所以，即使是具体指挥打仗的将领，也应当具备预见胜利的能力。将军与常人之间的区别，正如王皙所注的那样："众常之人，见所以胜，而不知制胜之形。"

常人所处的战略高度和有关战争的信息量往往不及军事指挥者。军事指挥者对战争的认识，即使有局限也只停留在感性层面，他们对战事的谋略有着更多的理性分析判断。常人往往为战斗胜利的辉煌而欢呼，但他们不能体会战前谋略的伟大。所以，真正的军事家并不陶醉在胜利欢呼之中，而总是在回顾和总结对战争进行策划过程中的经验与教训。

军事家的目的不在于名声和地位，所以，无须哗众取宠，不能刻意求胜，更应少做花样文章。

③ 善守者，藏于九地之下；善攻者，动于九天之上。

孙子主张用兵布阵以守为主，以保卫疆土为先。如果受到敌方侵略，则主张以守为攻，但不主张主动侵略别国土地。

即使选择了攻势或守势，也要讲究技巧。正如唐太宗所说的那样："守之法，要在示敌以不足；攻之法，要在示敌以有余也。示敌以不足，则敌必来攻，此是敌不知其所攻者也；示敌以有余，则敌必自守，此是敌不知其所守者也。"这是对孙子"守则不足，攻则有余"战术思想的另一种解释与发挥。

攻守关系变化无非以下四种形式：先攻后守，先守后攻，以攻为守，以守为攻。孙子的主张是：根据兵力不足或富余的两种实际情况去选择防守或进攻。这是实实在在的选择。而唐太宗的兵法思想中却充满韬略之"诡"，他是主张在兵力充足的情况下也要伪装防守，而且有意露出兵力不足的假象，目的在于引敌上当，进入我方包围圈或陷阱。同样，在兵力不足的情况下伪装进攻，可以逼迫敌人不敢进攻而且加强防守的兵力。

然而，不论对局如何变化或者真实状态如何，先"自保"后"全胜"，则是被公认的战争准则。在中国历史上，越王勾践"卧薪尝胆"式的"自保"是一种大智若愚，这样做的目的则是为最后全胜做好充分准备，堪称典范。

所谓"九地之下"和"九天之上"，梅尧臣注曰："九地，言深不可知。九天，言高不可测。"

孙子提出：训练有素的军队，应当同时具备沉着冷静与敏捷果断的素质。它表现为：欲静则如同冬眠九地之下的蛇鼠，欲动则如搏击九天的雄鹰。任何似动非动、欲静不静、踌躇犹豫、左顾右盼的军事行动，都将给对手以可乘之机，而且自己也将错失许多大好的取胜时机！

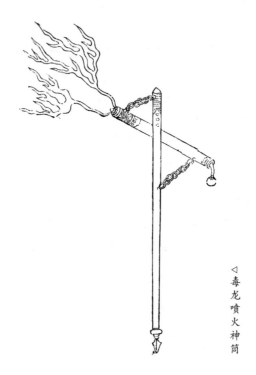

◁ 毒龙喷火神筒

【原文】

是故胜兵先胜而后求战，败兵先战而后求胜。

善用兵者，修道而保法④，故能为胜败之政。

兵法：一曰度，二曰量，三曰数，四曰称，五曰胜⑤。

地生度，度生量，量生数，数生称，称生胜。

故胜兵若以镒称铢，败兵若以铢称镒。

胜者之战，民也，若决积水于千仞之溪者，形也⑥。

【译文】

所以，能够胜利的军队，总是首先谋划并创造获胜的条件，然后才胸有成竹地寻机与敌决战。经常失败的军队，却总是急于与敌人贸然开战，然后企求侥幸取胜。

善于指导战争的人，必然是修明政道、确保法制，以此为前提去掌握战争胜负的决定权。

用兵打仗时所考虑的方面有五个：一是"度"，指战场的幅员大小；二是"量"，指后方物资仓储的丰富程度；三是"数"，指双方参战兵力的多少；四是"称"，指权衡与对比双方实力；五是"胜"，指安营布阵的方法。

上述五个方面之间的关系是：参战国家的地理位置关系决定战场的幅员大小；战场幅员的大小决定了参战所需军备的准备数量；对军需准备的程度决定了可以投入参战的兵力；投入的兵力多少决定了双方抗衡的程度；双方的实力决定了安营布阵的方式。

军队之所以取胜，如同用一镒去对抗比它轻576倍的铢。军队之所以失败，如同用一铢去挑战576倍于它的镒。也就是说，军队能否取得胜利，将取决于军队实力。

军队取胜之战，必定是民心所归之战，如同千仞之处的积水一旦决口，狂泻而下，势不可挡，民心所归就是这样的趋势。

【注评】

④ **修道而保法。**

孙子一贯坚持战争首先应当是"仁义之战"的立场。

仁义与否，这将取决于战争指挥者的自身素养和历史使命感。

"修道而保法"是军队建设的根本保证。"修道"的内容包括了政治措施、经济环境和道德伦理，这是君民同德、军民同志、将士同心的前提。以道定法，修道才能保法，军队的统一性才能得到保证。

如果是仁义之师，投入正义之战，"修道"措施得当，这将直接激发将士的正义感。他们参战往往既不图功名，也不为显摆智慧。

所谓"胸有成竹"，最好的表现往往是正义之师出师时表现得"理直气壮"。这是战争中取胜的首要条件。在战争中，要消除将士的"不仁"感，使他们充满志在主宰战争、夺取胜利、舍我其谁、得道多助、出师必胜等豪迈激情。

当然，许多"非正义之师"的指挥者，往往也将自己的军队描绘成"得道之师"，以混淆视听，遮天下人耳目，达到不可告人的目的。所以，是否正义之师，应当观其行、视其果，以免被卷入"不义之师"联盟的旋涡。

人生中的交往，何尝不是这样？

⑤ **兵法：一曰度，二曰量，三曰数，四曰称，五曰胜。**

一般的调兵遣将方式是：根据战争一方的目的，决定大的战术布置，再决定所投入军队的兵力及装备，由此安排军需。这是一种以主观意志为主导的用兵思路。

相比之下，孙子的用兵思路则建立在比较客观的基础上，他主张"有多少本钱打多大的仗"。孙子主张的由地生度，由度生量，由量生数，由数生称，由称生胜这种逻辑关系就说明了这一点。

这几乎与现代军事规律相反，原因在于，孙子主张参战应当是防御的正义之战，而不是有目的的侵略进攻。这也从另一侧面，反映出孙子的用兵思想是偏于保守的、怀柔的。

回顾中国革命的历史，当时，中国工农红军的装备条件比国民党军队差之甚远，红军的陕甘宁根据地的经济基础也十分薄弱。但是，红军采用了与敌周旋的运动战，每战都努力打破中国传统的用兵方法，充分发挥主观能动性，终于实现了以少胜多、以弱胜强。

可见，越是在客观条件上处于劣势，就越是应当充分利用"灵活、运动"的战略方针，在运动中从局部入手，创造暂时性局部优势，并把握好时机，及时而又充分地加以利用。

这样的用兵思想，在现代商业竞争中也很有实用价值。这一点对于新产品如何以弱势去拓展新的市场具有很强的指导意义。当今，我国的产品很少有像"可口可乐"那样以强猛攻势强占市场的实力和能力。所以，应当善于创造商机、抓住商机，在商品和消费双方的矛盾运动中，通过不断创新求得长足发展。

⑥ 胜者之战，民也，若决积水于千仞之溪者，形也。

孙子在此强调以绝对优势兵力压倒敌人的战略方针。而言外之意，却是强调"形势"以及"造势"对于在战争中取胜的意义与作用。

俗话说："兵胜如风卷，兵败如山倒。"战势到了这种地步，又有什么人可以用意志和智慧去左右呢？

如何造成对我方有利的战势呢？这才是军队指挥者应当下功夫的地方。如同"磨刀不误砍柴工"，这需要日积月累的努力。

俗话又说："军民团结，众志成城。"防守一方，军队严明而民心坚强，则无兵可以破城。如果是进攻的一方，使敌方的民众与我方民众同心，与我军的志向相同，敌人就失去了根本依靠，其最终失败必是大势所趋。蒋家王朝的覆灭就是例证。

所以，兵力虽处优势，但无天时、地利、人和之助，仍然可能失败。所谓"天时"即正义,"地利"指战略位置,"人和"指民心所向。

即使占据地利,也就只占三分之一优势,如果我方占尽天时和人和,就有了争取三分之二的胜利把握。如同"田忌赛马"那样:以自己的下马去战对手的上马,以自己的中马去战对手的下马,以自己的上马去战对手的中马,最终可以以小输而换得大胜。

所以,不论我方的兵力是强是弱,要想赢得战争的胜利,首先必须争取国内外民众与友邦的同情和支持,这就是一种"造势"。其效果在于能够使我军在战略上藐视敌人,作战气势如虹。

心理的失败才是最根本的失败。因此,敌方的作战心理,也应当成为我们攻击的主要目标,甚至首要目标。当然,心理战的具体战术将要比常规战更加复杂多变,应当引起重视。

"用兵于形"的重要意义,如同梅尧臣注释的那样:"水决千仞之溪,莫测其迅;兵动九天之上,莫见其迹。此军之形也。"俗话说"打它个迅雷不及掩耳",即指此义。现代战争既是双方实力的较量,更是双方指挥者对"时机"把握度的较量。

当然,所谓"形",主要还是指军队之外的形势大局,它的构成主体是国际大环境与和平正义的基本价值取向。应当注意:"形"与"势"之间仍有不少的区别。

【精彩案例】

善用兵者,修道而保法,故能为胜败之政。

南北朝后期,北周相国杨坚自立为帝,建立隋王朝。隋文帝虽有心统一天下,却有北方突厥人不时南侵,于是隋文帝便制定了"先灭突厥、后灭陈国"的战略方针。当时,隋文帝与突厥交战的同时对南方的陈国采取"友好"策略,每次抓获陈国间谍不但不杀,反而以礼送还,陈国人想要投靠,隋文帝则毅然拒绝。隋文帝大胆改革,简化机构,鼓励农耕,提倡习武,国力大增。在击溃突厥后,隋文帝便开始灭陈。江南农田收割时,隋文帝派人大造进攻陈国的舆论,令陈国紧急调征人马备战而耽误农时。江南粮仓多用竹木搭成,隋文帝派间谍潜入陈国纵火烧毁陈国粮仓。经过几年折腾,陈国物力、财力大大损失,国力衰弱。

为了渡江作战,隋文帝派杨素为水军总管,日夜操练水军。杨素建造了可乘800人的最大"五牙"战船,小一点的"黄龙"战船也搭载百余人。为了迷惑陈军,沿江隋军每次换防时都大张旗鼓,令陈军恐惧不已,以为隋军就要渡江作战。渡江前夕,隋军派出大批间谍骚扰破坏,搅得陈国不得安宁。如此反复,面对磨刀霍霍的隋军,陈国国君陈后主变得麻痹大意,醉生梦死。588年,隋文帝准备妥当,便指挥水陆军五十多万人,突破长江分八路攻陈,元帅杨素乘"黄龙"战船在破晓时抵达长江南岸,睡梦中的陈国守军悉数被歼。隋军南下攻无不克、战无不胜。

第二年正月,隋军攻入陈都建康,陈后主躲入枯井被隋兵搜出,陈国就此灭亡。

兵势篇第五

【原文】

孙子曰：凡治众如治寡，分数是也；斗众如斗寡，形名是也^①；三军之众，可使必受敌而无败者，奇正是也；兵之所加，如以碫投卵者，虚实是也。

凡战者，以正合，以奇胜。

故善出奇者，无穷如天地，不竭如江河。终而复始，日月是也；死而复生，四时是也。声不过五，五声之变，不可胜听也。色不过五，五色之变，不可胜观也。味不过五，五味之变，不可胜尝也。战势不过奇正，奇正之变，不可胜穷也^②。

奇正相生，如循环之无端，孰能穷之？

激水之疾，至于漂石者，势也；鸷鸟之疾，至于毁折者，节也。

是故善战者，其势险，其节短。势如彍弩，节如发机^③。

【译文】

孙子说：通常而言，管理大部队如同管理小部队，只要合理编制就行了；和大敌战斗与同小敌战斗一样，只要掌握军队的队形，准确下达号令就行了；若以上、中、下三军与敌战斗，能够在敌军全面进攻下保持不败，这是因为运用了"奇正"变化的战术；对敌军实施打击，若能够像以砺石击破鸡蛋那样容易，就是因为运用了"避实就虚"的原则。

一般战事，总是以"正兵"正面对峙或交战，以"奇兵"在侧面取胜。

所以，善于出奇制胜的人，其战法（战术）如天地那样变化无穷，如江河那样滔滔不绝。终而复始，就像太阳和月亮的运行；去而复来，如同一年四季的更替。音乐的基调不过宫、商、角、徵、羽五种，而变化如八阶，则奏乐之曲是不可尽听的。颜色的基本色素不过青、黄、赤、白、黑五种，由此组合而成的图画之美却是不可尽观的。酸、甜、苦、辣、咸五种味道所调制的菜肴，其滋味却是不可尽尝的。作战的方式不过"奇""正"两种，但它们的变化是不可穷尽的。

奇正之间的相互转化，就像圆环一样无始无终，又有谁能够穷尽它呢？

湍急的水流奔腾迅猛，以至于能够把巨石冲走，它的力量源自它流速飞快所形成的"势"；鸷鸟高翔而猛扑，以致能够捕杀鸟雀、野兔，它的力量来自动作短促迅捷所形成之"节"。

因此，善于指挥作战的人，他所造成的态势险峻而逼人，他进攻的节奏短促有力且恰到好处，险峻的势态如同拉开的弓弩，迅疾的节奏犹似击发弩机弹射箭矢。

【注评】

① 治众如治寡,分数是也;斗众如斗寡,形名是也。

在这里,孙子提出了两个战术思想,一是"奇正变化",二是"避实就虚"。同时,他又提出了"内治外斗"的两种方法,一是"分数",二是"形名"。

"奇"与"正","实"与"虚","众"与"寡",实际都构成了矛盾的双方。孙子不仅提出兼顾的主张,而且强调通过主观能动及换位思考的方式,实现两方面的相互转换。

"视众为寡"如同"化繁为简"。看似容易,其实并不是一种机械性的、随意的处理。只有站在一定战略高度的指挥官才具备这样的视角和思考,把握整体的布局,是"化众为寡"的前提。

所谓"分数"(编制)和"形名"(队形与号令),仅仅是措施,但绝不是"理念"。

指挥官的作战理念是十分关键的,他必须具有统摄全局的视角,更要必备与之相适应的勇气和魄力。指挥官具备的素质应当是细致加大胆,不拘泥于小节而善做大手笔。

正道与奇道总是相辅相成的,如果偏于奇道,仅仅属于先遣部队指挥官的特点,还不足以担纲全局指挥。只有对正道战略与战术有充分的准备,才能底气十足而游刃有余地行奇道。

上述的"分数"与"形名"属于正道战术,"虚实"之策则可属于奇道战术。形象地说,正道战术的布局如同一个人站直身体,稳住重心;奇道战术的出击则如同一个人选择拳打还是脚踢,当然只能是随机应变的。

正道对敌人的打击,如同砺石的重量。而奇道对敌人的打击,如同砺石的锋口。然而,只有重量或只有锋口,都是难以成事的。

② 奇正之变,不可胜穷也。

"奇正相生,如循环之无端",这种变化及转化的奇特性,如同

《庄子》中的"道枢"。《庄子·齐物论》说:"彼是莫得其偶,谓之道枢。枢始得其环中,以应无穷。"在中国传统哲学思想中,庄子的"道枢"原理提出了一个"境界",追求一种无序混沌之中悄然有序的效果,颇有现代战争学的意蕴。"道枢"的奇妙在于无端,即彼此之间哪个是主、哪个是次?哪个是正、哪个是奇?总是不能分别清楚,这就是《庄子》中所说的那种"彼是莫得其偶"的相对事物存在和运动的基本状态。

将"道枢"原理用在战争学方面的意义在于:有时能够给敌人留下正兵之势印象的我方部队,实际上却是我们的奇兵,而表现为奇兵之势的却往往是我方的正兵,正奇之间可以随时根据战场环境和战势发展进行变化调整。

如果将战争当作一种艺术的创作,那么奇正相生就是一种"绘制"战争风云录的艺术手法。如同一幅国画的创作,大的布局成为"正势",而画中力的平衡,色彩的凸显,气贯的流畅,甚至画题与落款的点缀无不构成各种"奇势"。

好画并不在于布局的合理,优美乐曲的演奏并不在于能够流畅无误。相对而言,画好在出奇,优美乐曲好在被赋予了特殊的情感。

战争如画,道理也是同样。正合不可舍,但奇胜不可不用。这也正是人们深知的那种画匠与画家的区别。

正合之师的将领们如同画匠,往往精于阵地战等常用的基本兵法,而不太具有自己独特的风格;奇胜之师的将领们就如同画家,每笔必新,每幅必异,奇在创新,自成一家,不泥于程式,使人难以揣摩而不能仿效。

一般来说,在复杂的战场动态发展形势下,我们的一些判断可能会发生某些偏差:我们往往认为敌人是愚蠢的,实际上他们却是聪明的。

敌人的高手往往可以识破我们在正兵掩护下的奇兵部署,从而做好充分的应战准备。这种情况下,我方可以采取下面的方法对应:第一,应当"道高一丈",使出"连环招式",令正兵突然变化成为奇兵,出其不意,打它个防不胜防。第二,努力使正奇关系如同八卦中的"阴阳鱼"头尾相接,彼此呼应,更重要的是努力让正阳和奇阴始终紧紧围绕着一个中心运动。这个中心才是我方最终能够有力攻击并彻底摧毁敌军的中坚力量。

与此相比,所谓正、奇两支军队的运动目的,往往不过是通过反复无常的变化,引出敌军的破绽,为中坚力量的最后攻击创造条件。这就是对庄子所说"枢始得其环中,以应无穷"之意义的一种实际运用。

在现代生活中,以正兵"明修栈道",同时以奇兵"暗度陈仓",不失为一种对抗的策略。

在处理任何事情的过程中,如果能够做到像太极拳中的"推手"那样,循环于柔让之间,发力于不经意之中,那样的效果必将妙不可言!

③ 势如彍弩,节如发机。

声势往往是虚势,它对对手产生的影响主要是心理压力。兵势却是实力的倾覆,往往势如排山倒海,使敌军顷刻间溃不成军。兵势所趋,如洪水决口,势不可挡。兵势所至,数量与速度两者并举,如"鲲鹏展翅九万里",宏伟而让人敬畏,敌人自然落荒而逃。

战斗之中,用"势"去打击敌人时,往往是集中了优势兵力的正面大举进攻。与之相比,选用"节"法攻击敌人的方式,往往是以精锐灵活的攻坚部队"奇兵"侧袭。

孙子的"势"与"节"两说,实际上是对"正"与"奇"的补充说明。"势"由距离产生,往往是正兵的表现形式。"节"由速度产生,往往是奇兵的优势特点。"势"的效果,是要造成敌军必败的"险势",如同虎驱羊群,高崖坠车,趋势必然,终局先定,不可逆回。"节"的效果,是时机与力量的"巧用",如击琴键,变化迅速,动作连贯。形象地说,打击对手时,"势"如手推,力大而迅猛;"节"如拳击,更似飞射暗器,乘其不备,稳准狠疾,四两拨千斤。

应当注意的是:势与节互为表里,不可有所偏废。若偏于势者,必然穷兵黩武,拉长战线,耗费巨大。若偏于节者,必然会陷入投机取巧、不养实力的歧途。就"节"与"势"的关系来说,节只能出于势,势中可以多生节。形象一点说,节与势的关系如同拳击组合,左直右勾为节,下盘稳移为势。只有身体之势与拳法之节有机地结合,才能发挥攻击对手的最佳水平。

一个杰出的军事将领应当能够充分领悟"以势生节,以节显势,节节连环,步步为营"的实用价值所在。所以,兼取节、势,才能出神入化。

◁火牛

【原文】

纷纷纭纭，斗乱而不可乱也④；浑浑沌沌，形圆而不可败也。

乱生于治，怯生于勇，弱生于强。

治乱，数也；勇怯，势也；强弱，形也。

故善动敌者，形之，敌必从之；予之，敌必取之。以利动之，以卒待之。

故善战者，求之于势，不责于人，故能择人而任势⑤。

任势者，其战人也，如转木石。木石之性，安则静，危则动。方则止，圆则行。故善战人之势，如转圆石于千仞之山者，势也。

【译文】

战场总是紊乱无序，应当在纷乱的战争状态中保持自己的军队不乱阵脚；战势常常如潮汹涌，浑浑沌沌不能明辨，应当保持军队的布阵首尾相济、相互接应，以保证不败。

军队过分的严整将失去灵活性，反而因为不能应付战势的突变而混乱；过分的勇猛往往产生对失败的恐惧；过分的强大则会产生心理上的弱点。

严整或者混乱，取决于组织编制的好坏；勇敢或怯懦，取决于作战态势的优劣；强大或弱小，取决于双方实力大小的对比。

所以善于调动敌人的将领，以伪装的假象去迷惑敌人，敌人必然听从调动；牺牲微小的利益去引诱敌人，敌人就会来争夺。在以利益作引诱的同时，必须准备重兵伺机打击它。

善于打仗的人，往往能够借助有利于自己的战势，而不单单依赖士兵的勇猛，所以能够根据战争的势态去发挥人才的积极作用。

善于利用战势去带兵打仗，如同滚动木头和石块。木头和石块的特性是，放置在平坦安稳之处就会静止，放置在陡峭斜坡上就会滚动。方的则静止，圆的则滚动。所以善于指挥作战的人所造成的有利战势，就像将圆石从万丈高山推滚下去那样，势不可挡。

【注评】

④ 斗乱而不可乱也。

在这里,孙子首先提出了"争取主动"的具体方法。它的指导思想是使敌人混乱而我军严阵以待。

战争是一种特殊的运动,双方交战及战前的布阵运动不息,宏观上看往往交错紊乱,这要求英明的决策者和睿智的指挥员不仅不被假象所迷惑,而且善于制造假象去诱惑敌人。这就是"魔高一尺,道高一丈"。

孙子还提醒将领们学会避免队伍内部因管理过度而产生的相反效果。这也就是"物极必反"的道理。过于勇猛的军队,一心期望取得胜利,这样的话,反而缺乏接受局部失利的心理准备。在战争中,一方为了获得全局的最后胜利,往往会有意地牺牲某些局部利益。但是,对于过于好胜勇猛的将领及其军队来说,往往不能够或不愿意接受统帅所做出的这种战略性安排,结果是虽然被动地服从了军令,军队的士气却十分低下。

因此,孙子所说的"乱生于治,怯生于勇,弱生于强"的道理就显得十分深刻了。但这也是常常容易被兵家忽略的地方。

所以,处理任何事都要学会把握一个"度"。"度"是控制矛盾转化的重要环节。在战争中,军队的指挥者必须能够掌握好"内""外"两个度:对内即治与乱、勇与怯、强与弱之间的度。对外即两军之间实力、位置、利益取舍关系的处理。

在此,孙子还提出了一个较有理性高度的战略思想,即"浑浑沌沌,形圆而不可败"。"浑浑沌沌"有两层含义,一层是作战双方刚进入战场时对客观战势未明朗前的迷茫,更深的一层是指努力去创造一个让对方认为"浑浑沌沌"的战势,追求达到先秦道家所提倡的"道"的境界。

这个所谓"道"的境界,指的是《道德经·十四章》所说的"视之不见名曰夷,听之不闻名曰希,搏之不得名曰微。此三者不可致诘,故混而为一"。这个所谓的"一",就是"万物之奥"的"道"。老子说:"道之为物,惟恍惟惚。惚兮恍兮,其中有象;恍兮惚兮,其中有物。窈兮冥兮,其中有精。"战争中,一方若运作战势达到了"道"的境界,就能应变如神。在运动中争取主动,在矛盾中把握适度,在混沌中创造机会。

⑤ 择人而任势。

士气与战势的关系,是相互依存、相互转换和相互影响的。

军队士气的鼓舞,在很大程度上并非以指挥者的意志转移,而是更加顺应战争形势的客观要求。在战争中,双方都希望成为有利的一方。但是,所谓"大势所趋"只可能对战斗的一方有利,对另一方不利。

如果在士气与战势两者之间进行比较,士气是被动的因素,战势是主动的因素。战争是现实的,更是残酷的。敌军压境,事关存亡,必然同仇敌忾,全力抗击。作战双方的士卒及指挥官都希望打胜仗,对战斗充分准备并肩负某种必须取胜的使命,就不可能出现"无心恋战"。

在诸多战争要素中,唯有战势可以通过计谋和战略部署加以控制、设计和转化。这也就是孙子在本篇中强调"势"的意义。

"势"在政治角逐、经济竞争之中尤其表现出重要的作用。总统的竞选游说,商业广告的推广,人才的征聘,这些都是在造势。

孙子认为,一个出色的指挥员,不仅要在平时训练中能够培养士卒的刚毅勇猛之气,更要善于审时度势,创造趋向自己的战势。

工于心计的指挥者,视部队为木石,在进入战争的时刻,往往不是鼓舞士卒去争取胜利以获得利益,而是增加士卒的危机感和使命感,使军队产生一种内在的精神和勇战的冲动,对外则自然形成强大的威慑力。这就是"危则动""圆则行"的道理所在。

很明显，在各种形势之中：人势是决定的因素。所以，首先"任人"，才能创造"优势"！

【精彩案例】

凡战者，以正合，以奇胜。

战国时期，燕惠王免去大将乐毅官职，让亲信骑劫指挥燕军攻打齐国最后两座城池——即墨和莒，企图灭亡齐国。为了迷惑燕军，即墨守将田单故意派使臣出城假装投降，又让即墨的富豪假意把金银送给燕军将领，请求他们破城时手下留情保护他们。见此情形，骑劫和燕军将领们都忘乎所以，只等田单前来投降。

田单见骑劫中计，心中窃喜。于是，他征集了一千多头水牛，披上五彩龙纹红绸，在牛角捆着尖刀，尾巴扎上浸油的芦苇。田单又精选五千勇士，身披彩衣，脸上画着吓人的图案，手持利刃跟在牛群后面。一天深夜，田单命令士兵们打开城门，点燃牛尾油苇，驱赶"火牛"群冲向燕军兵营，似神如鬼的士兵跟随其后拼命冲杀，即墨城上男男女女擂鼓敲盆高声呐喊。

当燕军从梦中惊醒，看到"火牛"群时被吓得魂不附体。"火牛"横冲直撞，燕军死伤无数，从"火牛"蹄下逃出的燕军士兵，又被五千齐国勇士杀得片甲不留，骑劫也死在乱军之中。

田单驱赶"火牛"打败燕军后乘势反攻，一举收复了被燕军攻占的七十余座齐国城池。

战势不过奇正，奇正之变，不可胜穷也。

1368年，明朝大将徐达和常遇春攻克元朝都城大都（今北京）后，率大军直向山西挺进。而元朝太原守将扩廓帖木儿却击败渡过黄河的明将汤和，乘胜进军雁门关（今山西代县北部），迅速逼近居庸关企图夺回大都。

徐达与诸将分析，认为扩廓帖木儿倾主力远出，太原一定空虚。古人有围魏救赵之举，故一直赞同仿效古人避实击虚，直克太原。当时,徐达决定暂不回师增援大都,而是亲率骑兵以最快速度扑向太原。果然,进至保安(今河北涿鹿)的扩廓帖木儿听说徐达进军太原,便担心老巢被端而立刻回师救援。双方大军在太原附近相遇。

一天,徐达有亲信来报:扩廓帖木儿的部将貉鼻马愿意投降做内应。常遇春分析元顺帝及后妃、太子等人早已逃往开平(今内蒙古多伦西北),元军全面溃败,扩廓帖木儿孤军奋战故败局已定,因此貉鼻马投降是可信的。徐达认为常遇春的判断有理,因此同意以貉鼻马为内应,集中兵力乘夜奇袭扩廓帖木儿。当天夜晚,他们一面派出使者与貉鼻马取得联系,一面倾营而出悄悄包围了扩廓帖木儿大营。在貉鼻马策应下,明军突然杀入扩廓帖木儿大营,扩廓帖木儿急忙出营上马,在十八名亲信保护下杀出一条血路逃命而去。

就这样,徐达大破扩廓帖木儿,收降了貉鼻马的四万精兵,乘势直捣太原。太原守军闻扩廓帖木儿已经逃走,便抛下城池落荒而逃。徐达不费吹灰之力占领了太原。

虚实篇第六

【原文】

孙子曰：凡先处战地而待敌者佚，后处战地而趋战者劳。

故善战者，致人而不致于人。能使敌人自至者，利之也；能使敌人不得至者，害之也。故敌佚能劳之，饱能饥之，安能动之。

出其所不趋，趋其所不意①。行千里而不劳者，行于无人之地也；攻而必取者，攻其所不守也；守而必固者，守其所不攻也。故善攻者，敌不知其所守；善守者，敌不知其所攻。微乎微乎，至于无形；神乎神乎，至于无声。故能为敌之司命。

【译文】

孙子说：通常首先占据战场优势地形而等待敌人到来的部队，就可以有主动而充分的准备，后到达战场而仓促应战的部队则疲惫无力。

所以，善于领兵打仗的人，能够调动敌人而不被敌人牵制。如果想要使敌人自投罗网，往往可以用小小的利益去引诱；如果不想让敌人去某些地方，则可以在那里吓唬他们。所以敌人休息的时候就设法骚扰使他们疲劳，敌人粮草充足时就设法夺取使他们挨饿，敌人安营扎寨就设法扰动他们。

要攻击敌人无法及时营救的地方，要奔袭敌人未曾预料和防范的薄弱环节。要想行军千里而不疲惫，就选择敌人不设防的地域；进攻而必定取胜，是因为选择了敌人不设防之处作为目标；防御而必能稳固，是因为扼守住了要害地点使敌人不能攻击。所以善于攻击的人，往往使敌人不知道应当防守什么地方；善于防守的人，使敌人找不到可以攻击的破绽。微妙微妙，看不出任何痕迹；神奇神奇，敌方无法警觉。所以这样的军队能够主宰敌军的命运。

【注评】

① 出其所不趋，趋其所不意。

《孙子兵法》既可以用于被动的防御，也可用于主动的进攻。可以正用，也可以作为警示。

比如，在《兵势篇》中，孙子提出军队要"形圆而不可败"，强调的是"形圆"。如果我方是进攻一方，就必须时刻保持"形圆"。保持"形圆"，就是保持"实"的强势兵力，可以以逸待劳。虽然，先至待敌可以以逸待劳，但是只保"形圆"、久待而不战，粮草必耗尽，士气必消磨，斗志必衰弱，反而对今后的战势不利。所以，梅尧臣注解时说道："先至待敌则力完，后至趋战则力屈。"

可见，"趋"与"待"之间仍有一个"度"的把握，只待不趋，往往丧失战机。

"出其不意""攻其不备"几乎是每位军事家耳熟能详的指挥理念，与这个理念相关联的战术或计谋十分丰富。比如：毛泽东曾提出灵活机动的游击战术，在土地革命战争的特殊历史条件下，我军针对国民党的正规军，实行了"敌进我退，敌驻我扰，敌疲我打，敌退我追"的战略方针，收到了良好的战场效果。

以上的计谋往往被用于进攻之策，其实在防守之中也可使用。防守中的保存实力，其目的是决战时的进攻。"出其不意"的"出"不仅仅是"出击"之义，也有"出走"之义。

以现实生活为例。广告与宣传往往起到正面的攻击、进取作用，但广告战是拼财力的"战争"。商业广告战既要"出其不意"，也就是"扬自己的长处"，使对手的产品在对比之中自动暴露出不足之处。如果是与对手雷同的广告甚至是弄巧成拙的广告，不仅浪费了财力，反而遭到市场的排斥。虚假不实的广告就是极端的例子。

由此可以得到的启发是：在商业竞争之中，最佳之策就是不露声色地研发新产品,尤其是选择对手所不感兴趣的领域。

"出其所不趋"。高明的大手笔往往表现出"大音希声""大象无形"的境界,体现出"无为而无不为"的道家风范,如同"春雨润物细无声"。这是孙武的本意所在。

◁剑击·横冲式

【原文】

进而不可御者，冲其虚也；退而不可追者，速而不可及也。故我欲战，敌虽高垒深沟，不得不与我战者，攻其所必救也；我不欲战，画地而守之。敌不得与我战者，乖其所之也。

故形人而我无形，则我专而敌分②。我专为一，敌分为十，是以十攻其一也，则我众而敌寡。能以众击寡者，则吾之所以与战者，约矣。

吾所与战之地不可知。不可知，则敌所备者多，敌所备者多，则吾所与战者，寡矣。故备前则后寡，备后则前寡；备左则右寡，备右则左寡；无所不备，则无所不寡。寡者，备人者也；众者，使人备己者也。

故知战之地，知战之日，则可千里而会战；不知战地，不知战日，则左不能救右，右不能救左，前不能救后，后不能救前，而况远者数十里，近者数里乎？

【译文】

我军能够推进而敌人无法抵御，是因为袭击了敌人防御懈怠空虚的地方；撤退而使敌人不能追击，是因为行动迅速而使敌人追赶不及。所以，我军主动出击时，敌人即使高垒围墙或深挖沟渠，也不得不与我军交锋，这是因为我军攻击了敌人必须营救的要害处；我军不想交战时，安营扎寨即可。敌人不能与我军正面交锋，是因为我们改变了敌人准备攻击的目标，使他们的战略受到了挫折。

所以，使敌人显露军事意图和部署而我军不露行迹，这样我军集中而敌军分散。我军兵力集结，而敌人的兵力不得不分散十处，我军可以以十倍于敌人的兵力集中打击敌人，形成我众敌寡的有利战势。能够以优势兵力攻击劣势的敌人，是我军达到战略目的或敢于与敌人决战的原因之一。

不能让敌方探知我军与敌决战的地点。敌方不知详情，必然在多处防备，那么，在每一处与我军交战的兵力相对就少，处于弱势。敌军防备前方则后方空虚，防备后方则前方空虚；防备左边则右边空虚，防备右边则左边空虚；敌人到处设防，则每处兵力都很少，如同没有设防。我军兵力薄弱，是因为分兵防备对手；我军兵力丰裕，是因为分散了对手的兵力。

所以，如果知道与敌决战的地点和时间，就可以奔赴千里与敌人交战；不知道决战的地点和时间，就会在决战时左、右两翼不能相互增援，前、后两军不能相互接应，何况决战的地点距离大本营，远的有数十里，近的也有数里之遥呢？

【注评】

②　形人而我无形，则我专而敌分。

在这两段中，孙子所提出的进攻与撤退方式，显然只适用于数量有限的精锐部队，尤其是突击部队，目的并非歼灭敌人，而是要打乱敌人的战略部署。

所谓"画地而守之"中的"画地"，实际上并不可能是一个主观结果，不是谁想如何"画"就能如何"画"的。这要求在进攻之前就要选择好可以"守之"的所画之地，这才是撤退时"速而不可及"的前提，否则就不可能是战略转移，而是"落荒而逃"。

所谓撤兵的迅速，并非指利用机械化装备的快速撤离，不仅指行军的速度，而更多的是指在时间上迅速，即不让敌方了解我军准备撤退的打算和已经撤退的行动。很好的例子，是三国时期诸葛亮死后秘不发丧、悄然撤军的妙计。

拳头与一指相比，力大而坚实，优势显而易见，这是常理。众与寡是一对矛盾相对的两面。孙子注意到它们之间的相对性，如果巧妙科学地运用，那么寡也可以变成多。

我们比较两个政治集团、商业实体或军事组织之间力量的众与寡时，并不需要比较它们的全体或整体力量。我们关心的往往是交手时刻双方投入的力量，这就是比较的对象。

孙子这种集中优势兵力、分别攻击敌人的各个分部，主动积极造成以众击寡优势的方法，在现实的军事、政治或商业竞争中具有很大的实用价值。"我专而敌分"，在战势上往往形成对敌人的包围，并集中优势兵力打歼灭战，但更重要的是在心理上打击敌人，使敌军深感四面楚歌的必败困境。在中国战争史上，汉代韩信的用兵习惯是"多多益善"。在围歼西楚霸王的战斗中，刘邦所采用的就是韩信的这种战争策略。

孙子这段话的核心精神，可以归结为这样一句话，即："拉长敌人的防线,使敌人处于弱兵劣势。"这种精神有着深厚的中国传统思想底蕴。

《周易·乾卦》中的"初九"爻辞说:"潜龙,勿用。"当时《周易》的主要作用之一是用于发兵之前预测。它的意思是:军队如果将我方的行动藏于暗处,如同大海之中潜隐之龙,它行迹不明,首尾不相见。如果出击,则防不胜防。所谓"勿用"也可解为不可测、不可防。

如果一方军队势如潜龙,另一方如何设防?可以想象,与敌决战之地就如同潜龙露出水面的地方。如果我军不露痕迹,一方面可以保护自己不受攻击,另一方面更能出其不意,攻其不备。

在这样的基础上,孙子提出了进一步的要求,即迫使敌方心理上恐惧,处处设防,化整为零,变优势兵力为劣势兵力。这个过程中,双方在比较耐心和耐力。我军一直潜而不发,一直让敌人处处设防,而且久防无攻,必然力疲松懈,然后我军伺机攻击。这是一个"以虚化实"的方案,其中我方隐蔽为虚,敌方处处设防为实。它又是一个"以实击虚"的方案,其中我方集中为实,敌方分散为虚。

◁脚端上弩图

【原文】

以吾度之,越人之兵虽多,亦奚益于胜败哉?故曰:胜可为也③。敌虽众,可使无斗。

故策之而知得失之计,作之而知动静之理,形之而知死生之地,角之而知有余不足之处。

故形兵之极,至于无形④;无形,则深间不能窥,智者不能谋。

因形而错胜于众,众不能知;人皆知我所以胜之形,而莫知吾所以制胜之形。故其战胜不复,而应形于无穷。

夫兵形象水⑤。水之形,避高而趋下;兵之形,避实而击虚。水因地而制流,兵因敌而制胜。故兵无常势,水无常形;能因敌变化而取胜者,谓之神。

故五行无常胜,四时无常位,日有长短,月有死生。

【译文】

按我的判断，越国的兵力虽然众多，但他们不知交战的时间和地点，这样的话，对于决定战争胜利，他们又有什么主动权呢？所以说：胜利的条件是可以创造的。敌人虽多，但我们可以设法使他们丧失斗志，失去战斗的目标。

所以认真地筹算，就可以分析敌人作战计划的优劣和得失；挑动敌人，就可以了解敌人的活动规律；佯动示形，就可以试探敌人生死命脉的要害所在；故意制造小型的局部交锋，就可以了解敌人兵力的虚实强弱。

所以，佯动示形的最高境界，就在于虽行动但并不暴露真正的军事目的、并不留下什么痕迹；看不出痕迹，即使深藏的间谍也窥察不了底细，老谋深算的敌人也想不出对策。

根据敌情变化而灵活运用的战术，它所取得的胜利即使摆放在众人面前，众人仍然不易看出其中的奥妙；人们只能知道我用来战胜敌人的办法，但无法知道我是怎样制定这些办法的。所以，灵活多变的战术所取得的每一次胜利，都不是简单的重复，而是适应不同的情况而变化无穷的。

用兵的规律就像流水。流水的习性总是避开高处而流向低处；作战的规律，则是避开敌人的坚实主力，而去攻击它薄弱的环节。水受到地形的制约而形成自己的流向，作战根据不同的敌情而去制定取胜的策略。所以，打仗并没有一成不变的态势，正如水的流动那样，不曾保有一直不变的形态；能够根据敌情变化而灵活用兵夺取胜利的人，可称他用兵如神。

五行相生相克，并没有固定不变的必胜必克关系，四季轮流更替也没有一成不变的固定时刻，白天有长有短，月亮有盈有缺。

【注评】

③ 胜可为也。

时空是人类生存的基本坐标,也是战争发展的关键要素。

对我军来说,要尽量主动选定发起决战的时间和地点,争取夺得决战时间和地点的决定权。相反,应当努力使敌人无法知道我军决战总攻的时间和地点,使他们的防线拉长,陷入空虚与弱守之势。对决战时空的选定,一般都是建立在"知彼知己"的基础之上。

在《兵势篇》中,孙子提出以"隐迹"的方式,去创造对我军有利的战势。本篇又提出了以"先知"或"创造"决战的时间和地点,去争取有利的战势,即所谓"胜可为"。

孙子提醒人们:如果敌人对决战的时间与地点一无所知或知之甚微,那么,他们怎么能够具有较强的战斗力和高昂的斗志呢?

孙子在这里强调了争取决战主动性和决定权的重要意义,对当代政治、经济和军事斗争同样具有积极的作用。

战争的坐标应当由英明的统帅去制定。

④ 形兵之极,至于无形。

战争之中,参战双方的战略部署和战术目标,通常都是相当隐蔽的。因此,双方都必然进行互相试探,双方都会采取"打草惊蛇"、佯动示形、局部交锋等方式打探对方。

所以,明智而计胜一筹的一方,其优势不在于能否选择上述方法,而在于"至于无形"。也就是说,指挥员不仅要会谋会算,更应当"老谋深算"。算得敌人的部署已经很不简单,而算得敌人安排这些部署的初衷与目的及战略思想才是最为关键的,打击它才是"打蛇七寸"。

要对敌方产生致命的打击效果,首先是能够打击其决策者的军事理念、战争信心和战略出发点。如果能够以高超的智慧设计出成功的假象,其目的并不是为了针对调动敌方的军事力量,而是设法让敌军将领去怀疑自己的军事理念、动摇自己的战争信心、改变自己的战略出发点。这样，就能够使敌军将领陷入深深的迷茫之中而不能自拔，为我军赢得短暂但极其宝贵的攻击取胜时机。如果将用于涣散敌军士兵的策略比作"擒贼"的话，那么，上述针对敌军将领的攻心战术则就是"擒王"。

值得注意的是，这里强调对敌军将领进行攻心，并不依赖间谍的策反、政治的鼓动等"文"的手段，而是必须依靠我军一些巧妙的"武"的军事行动，让敌军自己怀疑自己的决定！

怀疑自己，这何尝不是最严重的打击呢！

另外，孙子提出了"应形"必须"因形"的逻辑关系：只要根据敌情所设计的战术方针，才能造就有利战势、发挥消散敌军斗志的积极作用。

所谓"运筹帷幄"，既不是指主观臆造，也不能是刚愎自用。所以，任何"闭门造车"之举显然都是毫无益处的。

⑤ 兵形象水。

"上善若水"是《道德经》中的一句名言，译为："善的最高境界就是像水一样。"也可以解读为"最善于作战的方式，如流水一般。"

老子说："天下之至柔，驰骋天下之至坚。无有入无间，吾是以知无为之有益。"（《道德经》四十三章）"天下莫柔弱于水，而攻坚强者莫之能胜，其无以易之。弱之胜刚，柔之胜刚，天下莫不知，莫能行。"（《道德经》七十八章）

可见，"兵形象水"说的不仅是兵法，更具有深刻的哲学理念。水的最大特点，就是能够弱处，但它却蕴含着摧毁一切的力量。用兵的最高境界，并非强攻硬仗，而是避实击虚。"兵形象水"的难度在于两个方面，一是如何使自己无常势无常形，运兵如神；二是如何探明对手的实处与虚处。

《孙子》所提出的"兵形象水"思想，已成为放之三军而皆准的通理，对手自然也会很好地运用。所以，用兵若水，首先要求指挥者的心绪如水，既要有海浪那样的澎湃，也要有高山流水那样的细润入隙。

作战双方谁能灵活用兵，谁就能获得胜利的机会。古代齐国的田忌将军在与魏国军队交战时，就提出过"批亢捣虚""疾走大梁"的正确策略，即是明证。

更值得注意的是下文"兵无常势"这个军事理念的深刻内涵。它的重要意义，在于揭示了"虚"与"实"之间存在的是一种相对关系，而并非存在着某种绝对的"虚"与"实"。

比如，诸葛亮用兵如神，主要体现在战略思路上的非程式化、战术布置的随机应变，这恰好是"水"的动态特性。他著名的"空城计"，高妙之处在于以其形式上的"虚"发挥了内容上"实"的作用，若称之为"以虚避实"，不如说成"以虚化实"，如以拳击棉花令对手无从发力。

"空城计"的胜利在于诸葛亮首先打乱了敌方的"心理定势"，诱导敌方作出错误的判断，造成了敌方不战而退的结果。正所谓"一夫当关，万夫莫开"，这样的取胜要机，也就在于心理上威慑了数量大大多于自己的对手。此时，武器的优良程度却成了次要因素。

我们还注意到，虽然水无常形，但是它的流动必然形成一定的"势"，这就是"流水"的力量所在。如果仅仅"因地而制流"，水就无法形成一定的"势"及其力量。所以，在日常生活的竞争较量中，将"流"与"势"有机地结合起来才是高明之举。

当然，水的力量也并不仅仅用来击虚，对它的运用也必须酌情而定，力强则击实，力弱则击虚。"似水的思维"与"似水的力量"并不表示同一件事情，这一点往往容易被混淆。"似水的思维"其特点在于体现用兵无定势，"似水的力量"其特点在于善于蓄积势能，虽然如坝阻水，目的却在终有一决，势如千仞断河，倾泻而下，让敌方望而生畏，不可抵抗。

古来有两种军事思想，一种是上述的"兵形象水"，似乎出自道家思想。另一种是"兵形如山"，似乎出自儒家思想，它表现出"天行健，君子以自强不息"的精神，又如《周易·坤卦·文言》中所说："坤（即地、山），至柔而动也刚，至静而德方。后得主而有常，含万物而化光。坤道其顺乎！承天而时行。"

尽管前几句的含义相当宽泛，深刻而不易领悟，但我们至少可以看出"承天而时行"几乎就包含了"兵形象水"所体现的精神。

【精彩案例】

攻而必取者，攻其所不守也。

汉景帝即位不久吴王刘濞便勾结六个诸侯王蓄谋造反。刘濞统率二十万大军势如破竹杀向长安，汉景帝命中尉周亚夫为前军统帅火速赶往前线阻挡刘濞。周亚夫精兵十数骑快马轻车赶往洛阳。行至灞上，密报说刘濞收买亡命之徒已在中途埋伏，周亚夫果断避开险地而平安到达洛阳，然后起兵睢阳占领了昌邑城，随即深挖沟、高筑墙，断绝了刘濞的北进道路。又攻占了淮泗口，断绝了刘濞的粮道。

刘濞军队北进受阻后掉头全力攻打睢阳，不料睢阳城池十分坚固，城内粮食和武器充足。刘濞在睢阳城下碰得头破血流，不得不转去攻打昌邑以求突破。为了消耗刘濞的锐气，周亚夫坚守壁垒拒不出战，刘濞却无可奈何。很快，刘濞粮食日见紧张，军心开始动摇。刘濞不得不调集精锐部队孤注一掷，他采取了声东击西战略，表面上以大批部队进攻汉军壁垒的东南角，实际上将最精锐的军队埋伏下来准备攻击壁垒的西北角。周亚夫棋高一着，识破了刘濞的计策，当坚守东南角的汉军连连告急时，周亚夫不但不增兵东南角，反而把自己的主力调到西北角。

果然，在一阵金鼓齐鸣后，刘濞突然一摆令旗，倾其精锐以排山倒海之势向壁垒西北角发起猛攻。战斗异常激烈，从白天打到深夜，刘濞军队在周亚夫的坚实壁垒前损失惨重，勇气信心丧失，粮食殆尽，只好撤退。周亚夫抓住这一大好时机发起全面进攻，只一仗就把刘濞打得落花流水。刘濞见大势已去，便带着儿子和几千亲兵逃往南方，不久便被东越国王杀死。周亚夫乘胜进兵连续击败其他六国，一场惊天动地的"七国之乱"就这样被平息了。

兵之形，避实而击虚。

刘邦打败项羽建立西汉不久，传来楚王韩信谋反的消息。刘邦急忙召来心腹大将商讨对策。几员虎将异口同声要征讨韩信。刘邦犹豫再三拿不定主意，只好请教谋士陈平。

陈平问刘邦，告发韩信谋反一事有几个人知道？刘邦说只有几员武将知道。陈平又问，韩信知道有人告发他谋反吗？刘邦说不知道。陈平说这样就好办了。陈平又问刘邦，与韩信相比，谁更强？刘邦坦言自己比不过他。陈平又问刘邦，指挥打仗才能能与韩信相比吗？刘邦说不如他。

陈平说："如果兵力与指挥作战都不及韩信，冒险举兵征讨就是以卵击石。"刘邦焦躁地说："总不能等着韩信造反啊！"陈平献计说只需用一名力士即可擒住韩信。古时天子经常离开京城巡视各地去会盟诸侯，陈平让刘邦效仿古代天子离开京城巡游南方云梦泽。云梦泽附近的陈地是韩信所居彭城的西界，因此，陈平让刘邦少带些士兵，在陈地会见各地诸侯。韩信出于礼节只得去陈地迎候刘邦，他见刘邦没有多带护卫便放松了警惕。趁着韩信跪拜之际，刘邦身边一位大力士突然将韩信打翻在地捆绑起来，韩信才知不妙。

刘邦将韩信带回都城洛阳，但念其功劳饶了韩信一死，只将他降为淮阴侯。然而，后来韩信又与陈豨相勾结，被刘邦妻子吕后杀了。

能因敌变化而取胜者,谓之神。

公元 13 年,汉明帝派班超率领三十六名勇士出使西域各国以建立友好关系。班超首先来到鄯善国并受到国王热情接待。几天后,匈奴使团近二百人也来到鄯善国,国王便对班超冷淡了许多。一天,班超从送饭侍者口中打听到匈奴使者的住处。于是先将侍者扣留起来,然后与随行勇士商量,决定通过杀匈奴使者的办法,让鄯善国王彻底断了投靠匈奴人的念头。

当晚,气温骤降,飞沙走石,班超率众轻骑,直奔匈奴使者驻地。班超安排十人手持战鼓绕到营寨后面,让他们一见前面火起就击鼓呼喊,虚张声势,又安排二十人各持弓箭刀枪在敌营前埋伏。班超先率数骑冲进敌营顺风放火,火光四起,战鼓震天,杀声一片。匈奴人从梦中惊醒,乱作一团。班超一马当先连杀三人,部下一拥而上,匈奴使者和三十多名随从当场阵亡,余下一百多名匈奴士卒全部葬身火海,班超诸勇士无一人伤亡。第二天,班超将匈奴使者的头扔在鄯善国王脚下,并向鄯善国王宣传汉朝威德,劝他与汉朝和好。鄯善国王本来就对匈奴长期勒索财物不满,又见汉使者有勇有谋,当即答应与汉朝建立友好关系。

军争篇第七

【原文】

孙子曰：凡用兵之法，将受命于君，合军聚众，交和而舍，莫难于军争。军争之难者，以迂为直，以患为利①。

故迂其途而诱之以利，后人发，先人至。此知迂直之计者也。

故军争为利，军争为危②。举军而争利，则不及；委军而争利，则辎重捐。

是故卷甲而趋，日夜不处，倍道兼行，百里而争利，则擒三将军。劲者先、疲者后，其法十一而至；五十里而争利，则蹶上将军，其法半至；三十里而争利，则三分之二至。

是故军无辎重则亡，无粮食则亡，无委积则亡。故不知诸侯之谋者，不能豫交；不知山林、险阻、沮泽之形者，不能行军；不用乡导者，不能得地利。

故兵以诈立，以利动，以分合为变者也。

【译文】

孙子说：通常参加战争的程序，是由将帅接受国君的旨意，然后征集兵役组织军队出征作战，其中最困难的就是与敌人争夺有利条件。在与敌人争夺有利条件时最容易犯的错误，是将迂回的弯路当成直路，将不利因素当作有利因素。

所以我们可以用微小的利益引诱敌人，使其走上弯路，这样虽然比敌人后出发，但能比敌人先到达有利的战略要地。这就是善于运用迂直之计。

军争有时可以获利，有时却使自己危险。如果全军携带所有的辎重去争夺有利地势，则不可能比敌人先到达；如果舍弃部队装备轻装争利，则重型装备和粮草就可能受到损失。

因此如果卷甲疾进，日夜兼程，行进百里去争夺有利地势，反而会被敌军擒获三军将领。其中的原因在于：实力强的军队先到达，弱的军队后到达，上述做法只能使十分之一的队伍到达目的地而不敌对手；如果奔袭五十里去争利，就会损失先遣队伍的主将，这是因为只有一半的兵力能够到达目的地与敌抗争；奔袭三十里去争利，也只有三分之二的部队可以到达。

须知军队没有辎重、粮食和物资储备就不能生存下去。不了解诸侯列国的战略意图，就不能与之结交；不熟悉山林、险阻、沼泽就不能行军；不利用当地向导，就不能得到有利地势。

所以，用兵打仗要依靠诡诈多变去争取成功，根据利益大小去决定是否出兵，按照分散或集中兵力的方式去变换战术。

【注评】

① 军争之难者，以迂为直，以患为利。

《孙子兵法》往往可以被逆向使用。以上的"以迂为直"，是当作军争之灾难与错误来讲的。但是，实际的军事行动中，许多貌似迂回的弯路和迂回的战略行动，其结果正是为了决战时能够获得捷径及有利条件。

所谓"迂"与"直"，是一对相对概念，他们以最终选择的决战地作为坐标中心。双方在作战中都有数次战略转移，很难说哪一次是走了捷径。如同下棋一样，心中的目标往往是在几步或十几步之后才得以实现的。如果我们急于第一步或第二步就直接暴露目的地，往往不利于最后的胜利。尤其在实力不如对方的情况下，计谋要透，韬略要深，藏而不露，忍辱迂回，甚至牺牲小利引诱敌人放弃有利条件。

孙子将诸侯列国视为对手，视对手之国的地形为争夺制胜条件的地形，将所有争夺的目标都放在敌国领土之上。显然，这里的"军争"，是一种占领他国的入侵之举。孙子在这里制定的军争之法，是一种"强势"兵力的战略。他企图塑造一种"强势"兵力的军事作风。

本篇提出一个发人深思的问题，即"迂直之计"与"军事作风"之间存在着什么样的内在关系呢？显然，强势力量的行动方式常常表现为直截了当，往往恃强凌弱，对"以诈立"不屑一顾，只求"以利动"，反而容易误入弱者的诡计。

比如，古希腊人以"特洛伊木马"破城就是一个"兵不厌诈"的典型战例。在运用此计之前，希腊人曾经花了九年的时间去攻打防守甚严的特洛伊城堡，却始终没能成功，这实际上就是一种运用"直"的方法的失败，后来改用了"大木马"这种"迂"的战术而取得了胜利，这就是"以迂为直"。由此可见，对于"迂"与"直"，孙子并非仅指征途的迂直,而更是指思维方式或战略思路的迂直,然后才有行动的迂直。

② 军争为利,军争为危。

任何事物都有"利"与"危"两方面的结果。

在本篇中,孙子论述了或保留,或舍弃那些随军辎重对于长途奔袭的"利"与"危"关系。

清代的揭暄撰有《兵经百言》,其中写道:"师贵徐行,以养力也。惟乘人不备,及利于急击,当倍道以趋。"可见,军队既要尽量先一步占领要地,也要量力而行,步步为营为基础,乘虚而入为机动。《兵经百言》告诫道:"故非全利而远害,慎勿以趋为幸也。"也就是说,没有十分的把握,绝不能以侥幸心理率领全军长驱急进,否则害大于利。

在现代商业竞争中,长驱直入异地必须以坚实的产品实力为基础。为了抢占市场,往往会先进行虚张声势的广告战或促销宣传活动,如果没有随后即至的产品梯队和售后服务,至多也只能是昙花一现,结果往往是信誉扫地,危大于利。没有强大而完善的售后服务而打市场,恰如"委军而争利",结果是"无辎重则亡"。

由此可见,《孙子兵法》中的许多道理,完全可以用于现代生活之中。

◁门旗

【原文】

故其疾如风，其徐如林，侵掠如火，不动如山，难知如阴，动如雷震。掠乡分众，廓地分利，悬权而动。

先知迂直之计者胜，此军争之法也。

《军政》曰："言不相闻，故为金鼓；视不相见，故为旌旗。"

夫金鼓、旌旗者，所以一人之耳目也。人既专一，则勇者不得独进，怯者不得独退，此用众之法也③。

故夜战多火鼓，昼战多旌旗，所以变人之耳目也。

故三军可夺气，将军可夺心④。

是故朝气锐，昼气惰，暮气归。

故善用兵者，避其锐气，击其惰归，此治气者也。

【译文】

这样的话，部队迅速行动时如疾风骤起，行动舒缓时如林木森然不乱，攻击敌人时像烈火吞噬，安营扎寨时如同山岳稳固，隐蔽之时如同浓云遮蔽日月，冲锋时如迅雷不及掩耳。采用分遣兵众的方式去掳掠敌人乡邑粮草，通过估计敌国的幅员大小和战场形势，去分配兵众的攻击目标和所得利益大小，然后伺机行动。

将领需要首先去了解何为迂、何为直，及如何迂、如何直，然后能够取得最终胜利，这是争夺制胜条件的一项原则。

古兵书《军政》中说："在战场上语言不能彼此相传，所以设置了金鼓去指挥部队。眼睛不能看到将军指挥的手势，所以设置了各色的旌旗。"

这些金鼓和旌旗，是用来统一军队上下如一人的。上下如同一人，那么勇敢的士兵就不会单独冒进，怯懦的士兵也不敢单独后退，这就是指挥大队人马的方法。

所以，夜间作战大多使用火光和锣鼓指挥，白昼作战大多采用旌旗指挥，这都是为了改变并统一兵众视听命令的做法。

所以，对待敌军的士兵，可以挫败夺去他们的士气。对于敌军的将军可以动摇他们的信心和决心。

如果军队刚投入战斗时士气饱满，过了一段时间士气就渐渐懈怠了，到了最后士气就必将完全衰竭。

所以，善于用兵的人，总是先避开敌人的锐气，在中后期敌军士气懈怠时打击他们，这就是对付敌人士气的方法。

【注评】

③ **此用众之法也。**

不论是科学技术不发达的古代，还是科技高度发展的当代社会，人的语言和形体都被不同的方式加以延伸。比如古代的金鼓和旌旗，第一次世界大战以来的电报与雷达，以及现代的卫星定位导航系统。

然而，语言与形体的延伸，首先取决于指挥者思维的延伸。指挥者言行的延伸，目的在于统一众士兵纷乱的耳目，也就是使众士兵的作战思维统一于指挥者的思维，然后才有行动上的统一。所以，能否实现统一，关键并不在于金鼓的节奏和旌旗的变换，而在于士兵对金鼓节奏的理解和对旌旗变换的反应。

做到步调一致，功夫不在临阵，而在练兵。军令耳熟能详，军阵变化自如，这是能够使用金鼓和旌旗的前提条件。可见，练兵的一个重要内容，就是让将领与士兵之间形成一种合理而科学的对话形式，达成一种互为响应的协调关系。要达到这个目的，将领与士兵之间的同心同德是最重要的基础。

所谓"用众之法"，实际上是以将领与士兵之间在感情与责任方面相互沟通为基础的。这样看来，中国传统儒家的"仁爱"思想就应当成为古代将领必修的学问和必须具备的人格精神，这也是具有较强战斗力的军队内部团结的基本动力。所以，齐家治国必须首先修身，同样，齐兵治军也必须修身。

④ **三军可夺气，将军可夺心。**

军队的运动是一个立体的运动，不能简单地看成一个点从一处移至另一处的线性运动。军队这个立体组织中，核心仍是将领。所以，《孙子兵法》以大量的篇幅论将，本篇中又进一步论及如何"治敌将之心"。

军队是以士兵的士气构成平面的。士气高，则它所覆盖和威慑的面积就大,军队实力常表现为"势"。如果一支军队具备饱满的锐气,将领镇定不乱,又蓄有佚、饱之力,就形成了让敌人望而生畏的"强势"。

按照这个道理,如果是在商业竞争中,就既要有稳健而睿智的决策者,又要有强大而志在必得的销售士气,产品的优良品质和完善服务就是一种让市场不得不接受的势力。与人相处,尤其政治领袖想要赢得民众的支持,必须充实自己的士气,稳定自己的决心与信心,并且以有利于民众的政治主张构成"势力"。孙子此策,在对待商业对手与政敌等方面显然是十分适用的。

◁神臂床子连城弩

【原文】

以治待乱，以静待哗，此治心者也。

以近待远，以佚待劳，以饱待饥。此治力者也。

无邀正正之旗，勿击堂堂之陈。此治变者也。

故用兵之法：高陵勿向，背丘勿逆，佯北勿从，锐卒勿攻，饵兵勿食，归师勿遏，围师必阙，穷寇勿迫，此用兵之法也⑤。

【译文】

以我军的严整来对付敌人的混乱,用我军的镇静来对付敌人的浮躁,这是掌握双方心理状态的手段。

选择与自己军队较近的地点去迎战远道而来的敌人,以充分休整、体力充沛、心态轻松的军队去对付疲于奔命的敌军,以自己部队的充足粮草为后盾来对付饥饿不堪的敌人。这是化解敌人战斗力的秘诀。

不要去正面拦击旗帜整齐、阵容雄壮的敌军部队。这是灵活应变的原则。

所以,用兵法则是:如果敌人占领了高处山地就不要去仰攻,敌人背后有丘陵作为依靠就不要正面去攻击,敌人假装败退就不要跟踪追击,面对敌人的精锐部队就不要迎战,对敌人的诱兵不要理睬,对撤回本国途中的敌军不要加以阻击,围歼敌人必须留出缺口,对陷入绝境的敌人不要过分地逼迫,这是用兵的法则。

【注评】

⑤ 用兵之法。

在这篇中,孙武提出以"高陵勿向,背丘勿逆,佯北勿从,锐卒勿攻,饵兵勿食,归师勿遏,围师必阙,穷寇勿迫"这八个方面为内容的用兵之法。

孙子先说了用兵时对地势因素的考虑,接着说了如何对待不同状态下的敌军。通常将《孙子兵法》中的八条用兵之法称为"用兵八戒",它体现了孙子一种"慎战"的思想。

孙武提出这种"慎战"思想的同时,还流露出"仁战"思想。"留阙"和"勿迫"的目的是不害敌人士兵性命,只求敌军败退。人生之中难免有各方面的对手,当以"仁战"对应,只要胜局,不求杀生。

在现实战争中,双方的争执往往达到你死我活的程度。面对欲置人民或民族于死地的敌对势力,任何姑息的结果也只能是养奸作乱。所以,解放战争时期,毛泽东提出过"宜将剩勇追穷寇,不可沽名学霸王"的战争精神,实际上是革命战争实践的总结。如果敌人是豺狼,我们就不能做"东郭先生"。没有原则的"仁慈"实际上是对广大人民的伤害。

可见,孙子兵法的原则,也必须以广大民众和民族的利益为前提。

【精彩案例】

军争之难者,以迂为直,以患为利。

吴王夫差打败越国,越王勾践按谋臣范蠡的意见向吴王表示:自己愿做人质侍奉夫差以保全越国。夫差想要同意,却遭大臣伍子胥反对,他主张必须消灭越国,否则必将后悔。当时,吴国太宰伯嚭收下了范蠡的大批金银珠宝,于是为越国说话,说勾践还有五千精兵,逼得太紧,他就会烧毁宝物拼死一战,吴国就得不到什么了。又说勾践在吴国做人质,还担心克制不了越国吗?夫差接受了伯嚭的意见。

不久,勾践如约带着妻子和范蠡一起来到吴国侍奉夫差,尽心尽力,时间一久,夫差动了恻隐之心,竟不顾伍子胥的坚决反对,放了勾践一行回国。勾践回国后念念不忘为战败雪耻。他把苦胆吊在屋中,吃饭喝水都要舔它一下。勾践亲自耕种,妻子亲自纺纱织布。一晃十年,励精图治的越国已强盛,吴国却为争霸中原常年东征西讨,终于耗尽了国力。这时,勾践借口灾荒向吴国借粮以试探吴国对越国的态度,结果夫差一口就答应了。伍子胥又是急忙阻止,他认为三年后吴国都城将成为一片废墟。实际上,夫差对伍子胥已是很不满意了,伯嚭便乘机挑拨说伍子胥与外人勾结,劝大王防备。不久,伍子胥出使齐国,因为预感吴国将被越国灭亡,所以把儿子留在了齐国托鲍氏照看。夫差得知此事勃然大怒,派人送给伍子胥一把剑让他自杀。伍子胥自杀前仰天大笑:"我死后,请把我的眼睛挖出来放在吴国都城东门,让它看着越兵进城!"

勾践借到粮食,知道伍子胥死去,而明白吴王夫差对自己并无戒备。于是,一面加紧练兵备战,一面不断将美女、珍宝和建筑宫殿用的巨木送给吴国。夫差整日与美女相伴,又大兴土木建造规模宏伟的姑苏台。此姑苏台建了八年,将吴国的所有储备消耗殆尽。终于,公元前481年,经过二十二年励精图治而兵强马壮的越国一举摧毁了吴国。

故兵以诈立,以利动,以分合为变者也。

元顺帝至正二十年(1360),陈友谅占据江州(今江西九江)后率领所有兵力,顺流而下攻占采石(今安徽马鞍山长江东岸)和太平(今安徽当涂),自立为帝取国号为汉。他一直把朱元璋视为心腹之患,于是率大军进逼应天(今江苏南京)。

当时,陈友谅水军十倍于朱元璋。朱元璋听取了刘基建议,决定诱敌深入打伏击战。朱元璋让陈友谅的老友康茂才写诈降信给陈友谅,康茂才欣然答应,这是因为陈友谅不讲信义杀了康茂才的同乡好友徐寿辉。于是,他在诈降信中这样写道:"拟兵分三路进攻应天,茂才所部把守应天城外江东桥,愿为内应打开城门,直捣帅府活捉朱元璋。"再派陈友谅熟识的老仆去送信。

陈友谅读了康茂才的信,心中非常高兴。他反复盘问老仆,老仆应对如流、言辞恳切。陈友谅深信不疑,当即答应了康茂才的建议,并约定在"木桥"会合。第二天,陈友谅率数百艘战船顺江而下,到大胜港时遭朱元璋部将阻击而无法登岸。陈友谅转向江东桥,见到的却是石桥而不是约定的木桥,因此心中起疑。原来,朱元璋防备康茂才将假投降变成真投降,便将木桥改造成了石桥。陈友谅高喊康茂才之名竟无人答应,方知中计,急令陈友仁率几百艘战船冲向龙湾,下令一万精兵登陆修筑工事,企图水陆并进强攻应天城。

此时,只见卢龙山顶黄旗挥动战鼓齐鸣,朱元璋的大将徐达、常遇春率军左右杀来,修筑工事的一万精兵大乱,逃到江边蜂拥登船。当陈友谅急令开船时才发觉已是退潮之际,百条战船全部搁浅,又遭徐达与常遇春上船追杀而溃不成军,陈友谅不得不跳上一条小船逃跑。就这样,朱元璋巧施诈降之计诱敌深入,改变了敌我力量对比,争取到战争主动权,打败了十倍于自己的敌人。

避其锐气,击其惰归。

公元前 684 年春天,齐桓公命大将鲍叔牙率大军攻打鲁国直抵长勺(今山东莱芜东北)。鲁国虽小,且鲁庄公操练人马、赶制武器,早早做了准备,但是抵抗的力量依然不足。因此,鲁庄公决心举全国力量决战齐国。

鲁国一位叫曹刿的平民非常忧虑齐国攻打鲁国。他求见鲁庄公,鲁庄公方知他很有才识,就让他和自己同坐一辆战车来到长勺前线察看阵地。见鲁军地理形势十分有利,两人非常高兴。恰此时齐军进攻战鼓响起，鲁庄公也想击鼓，被曹刿劝阻。曹刿建议鲁庄公下令军队不许呐喊、不许出击、紧守阵脚，违令者斩。果然，齐军猛冲过来时鲁军并未出战，因为阵地稳固而无隙可乘，齐军没有对手，只好退回。

时隔不久，鲍叔牙再次击鼓催促士兵冲锋，鲁军阵地还是未应战。齐军第三次击响战鼓向鲁军阵地冲来，但将士们已是体力耗尽、信心不足。此时，曹刿见齐军第三次战鼓声威力不足，冲锋队伍也比较散乱，便对鲁庄公说："主公，可以击鼓进军了！"鲁军将士听到自己战鼓声响起，异常激动，将憋了许久的杀劲一股脑发泄到齐军阵营，齐军抵挡不住四散逃跑。鲁庄公正准备下令追击，却被曹刿劝阻。曹刿下车察看齐军兵车碾过的车轮印迹后，又攀上高处眺望齐军的队伍，然后对鲁庄公说："可以追击了！"鲁庄公立即下令全军追击齐军，一直把齐军赶出了鲁国国境。

战斗结束后鲁庄公向曹刿请教当时为什么这样指挥。曹刿说："打仗主要靠勇气。第一次击鼓将士勇气最盛，第二次击鼓将士勇气衰退许多，第三次击鼓时勇气差不多用尽。齐军三次击鼓冲锋后勇气已尽，此时我军才第一次击鼓进军，因此勇气旺盛的鲁军一定能够打败齐军。鲁军溃逃旗帜歪倒、车辙很乱，说明他们真的败了。"

九变篇第八

【原文】

孙子曰：凡用兵之法，将受命于君，合军聚众。圮地无舍，衢地交合，绝地无留，围地则谋，死地则战。

涂有所不由，军有所不击，城有所不攻，地有所不争，君命有所不受。

故将通于九变之地利者，知用兵矣；将不通于九变之利者，虽知地形，不能得地之利矣。

【译文】

孙子说：一般用兵的法则是，将领接受君王的作战命令，征集民众组织军队。要注意以下五个方面：出征时，在低地湿洼的地方不能安营扎寨；在多国交界的地域应当与相邻的国家结交；在没有退路的绝地上不要停留；在容易腹背受敌的围地上要事先计划撤出的战术；如果身处必须背水一战的死地，就应当毫不犹豫地殊死决战。

对所行道路有所选择，对打击对象有所选择，对敌方城堡的攻击有所选择，对争夺的地点有所选则，对君王的命令也有所选择。

所以，将领能够根据作战地形的优势临时制宜，才能知道如何用兵；将领不知利用地形优势，虽然已经了解地形特点，也不可能依靠地势去战胜敌人。

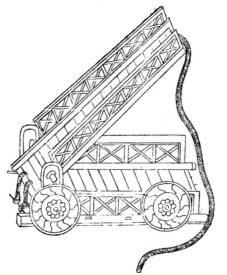

◁ 折叠桥

【原文】

治兵不知九变之术^①，虽知五利，不能得人之用矣。

是故智者之虑，必杂于利害。杂于利而务可信也，杂于害而患可解也。是故屈诸侯者以害，役诸侯者以业，趋诸侯者以利。

故用兵之法，无恃其不来，恃吾有以待也；无恃其不攻，恃吾有所不可攻也。

故将有五危^②：必死，可杀也；必生，可虏也；忿速，可侮也；廉洁，可辱也；爱民，可烦也。

凡此五者，将之过也，用兵之灾也。覆军杀将，必以五危，不可不察也。

【译文】

指挥军队时，虽然知道上述五种"选择"，但不知各种机动变化的方策，最终还是不能充分发挥士兵的战斗力。

所以，聪明的将帅考虑问题，必然是对比权衡利害关系。多考虑有利的一面，则出战的信心就充足；多考虑不利的因素，则可以预先排除忧患。所以，可以通过帮助诸侯排除危险而使诸侯国屈服，通过扶助诸侯巩固政权使他们听从我们的战略安排，通过让诸侯获得利益而驱使诸侯国为我们而作战。

所以，用兵的法则是，不能寄希望于敌人不来，要依靠自己已经做好的准备；不能希望敌人不进攻，要依靠自己的实力使敌人望而却步无法进攻。

所以，将领面临有五种危险的倾向：只知拼死蛮干，就有被诱杀的危险；只顾贪生活命，就可能被敌人俘虏；急躁速进，就可能中敌人的轻侮之计；过于廉洁追求好名，就反而被敌人以污辱的方式加以攻击；战争时期偏于"爱民"，则会因为事务的繁忙而脱不开身。

以上的五种过失，责任在于将领，也是用兵的灾难。使军队覆灭将领被擒，一定是由上述五种危险引起的，不能不充分地加以重视。

【注评】

① 九变之术。

所谓"九变之术"并非指九种变化方式,而是指在战争过程中将领对众多突发的复杂情况所作出的灵活多变的处理。

在"九变之术"中,"君命有所不受"是一个总的原则,也是一个大创造,尤其对于当时的封建制度几乎是一种震动。这句话被后人演绎为"将在外,君命有所不受"。

春秋末期齐国人司马穰苴在所撰《司马法·天子之义第二》中指出:"古者,国容不入军,军容不入国。"这是说,朝廷和军队中各有规矩,不可混用。治军强调法治,治国强调德治或仁治。只有德治不能流行的时候,才能运用法治。军队过分讲"礼仪"和"谦和"等德治,则战斗力会减弱,求胜的决心与信心就会涣散。

然而,德治与法治既是一对矛盾,又可以相互结合。因此,如何让德治与法治相结合,就成了军事家或指挥员的一项重要课题。中国古代的谋臣几乎都认为自己辅佐的君王应当是仁义之君,以仁为本乃是传统儒家思想的基调。儒家仁学思潮也是他们可以接受的主要思潮之一。兵家在战国独成一家,相对而言,当时的社会还算民主。在这个战乱纷纷的时代,贤人智士的睿智被提升到了某种重要的地位,就连将领也不可能是那种只知服从命令冲锋陷阵的武夫或庸才,比如田忌和廉颇。那些只见眼前利益,只为保全官位而放弃自己的独立思考而唯命是从的将领,只能成为盲从的走卒和御用的工具。任何盲从,看起来是变了质的德治,实际上就是无条件服于某个人的"人治"。这时的"德"与"仁"就被个人意志替代了。所以,将领既要有法治观念,又要有仁德之心。如此要求现代的政治领袖和企业领导也并不为过。

② 将有五危。

在"必死可杀、必生可虏、忿速可侮、廉洁可辱、爱民可烦"这所谓的"将之五危"中,"必死、必生、忿速、廉洁、爱民"原来都是对军队有利的方面,但是,往往因为做过了头,最后却造成对军队危害的结果,比如"可杀、可虏、可侮、可辱、可烦"等。

"利"可以被利用,"害"同样也可以被利用。《孙子兵法》利用利害关系,调遣原来并不隶属于自己的诸侯,从而形成同盟国,这也是一种很有意义的启发。君王的政策和统帅的军事方针及战略部署,旨在对战争局势实现宏观控制,将领的战术实施和现场决策则是胜利的基本环节和保证。

《六韬·龙韬》:"将有五材十过。……所谓十过者:有勇而轻死者,有急而心速者,有贪而好利者,有仁而不忍人者,有智而心怯者,有信而喜信人者,有廉洁而不爱人者,有智而心缓者,有刚毅而自用者,有懦而喜任人者……故兵者,国之大事,存亡之道,命在于将。将者,国之辅,先王之所重也,故置将不可不察也。"

《六韬》的思维逻辑是:将军之所以犯错,是因为他的素质低下。充分地重视将领的素质建设,是从根本上预防用兵"五危"或"十过"的有效措施。将领的性格各有不同,由此形成虎将(猛将、勇将)、庸将、儒将、谋将甚至当代军队中常常发挥重要作用的"文将"等。每一种将领往往面临上述"五危""十过"之中的几项。因此各将领要善于自省,准确地发现自己的性格缺陷,这是"首察"之事。

【精彩案例】

衢地交合,绝地无留,围地则谋。

明朝末年,李自成率三万六千多农民起义军进军河南西部,崇祯皇帝命巡抚陈奇瑜为陕晋豫楚川五省总督,率十余万大军拦截,在兴安府(今湖北保康)遭遇李自成。因众寡悬殊,李自成被迫退入车厢峡。

车厢峡长四十余里,四周悬崖峭壁树木极少。陈奇瑜派兵占据了四周山顶,又守住各个山口,让被困的李自成进退两难,缺粮少药也让士兵们十有九病。此时,又逢一场大雨连下三十多天,起义军刀甲生锈、箭羽脱落,全军陷入绝境。陈奇瑜不停地将劝降信射入山谷。李自成唯恐军队有变,赶紧商议突围之计。谋士顾君恩提出献宝诈降,李自成苦笑道:"此计已在渡过黄河时用过,明军不会再上当了。"顾君恩说:"据我所知,因害怕朝廷治罪,我们越过黄河之事明军至今未敢上奏朝廷。其监军太监杨应朝贪婪无比,只要买通他就可成事。"众将都愿试一试,李自成也别无良谋。

这一天,顾君恩带着奇珍异宝和大量黄金向杨应朝表明愿受招安,杨应朝见钱眼开,便答应说服陈奇瑜。顾君恩又用重金贿赂陈奇瑜僚属。陈奇瑜犹豫之后,一想不必拼杀就可立下大功,又可保全兵力,确是好事。于是,上奏崇祯皇帝请求招安农民起义军。不久,圣旨下,同意招安。陈奇瑜派人进入峡谷后立即清点起义军人马,由每一名安抚官监视一百人并负责遣送士兵回乡。就这样,农民起义军平安地走出了车厢峡。然而,不到一个月,李自成的起义军纷纷杀掉安抚官后重新集结起来,陈奇瑜连呼上当,再次调兵派将展开截剿时,李自成已与其他各路起义军会合,队伍一下子扩大到三十多万人。陈奇瑜因此被革职关入监狱。

是故智者之虑,必杂于利害。

唐僖宗光启年间,庐州刺史杨行密率兵包围了在广陵(今江苏扬州)作乱并自称淮南节度使的秦彦。秦彦被困城中数月粮草断绝,只好拼死与杨行密在城外决战。秦彦仗着人马多,列阵于城西绵延数里,杨行密却胸有成竹地对先锋李涛说:"秦彦的官兵个个面带饥色,你此次出战,只许败不许胜,我自有妙计破敌!"

李涛率军与秦彦交战不多时便向后败退,秦彦挥兵追杀。半路上,杨行密带一百名士兵挡住秦彦,双方厮杀一阵后杨行密掉头就跑,逃至一处仓库附近便沿小路遁去。秦彦部队杀退守卫士兵后冲入仓库,见粮食和金帛堆积如山,于是欢呼雀跃,抢粮的抢粮,抢帛的抢帛,马驮肩扛,你拥我挤,乱作一团。杨行密早在仓库附近部署了主力兵马,此刻擂响战鼓,伏兵四面杀出。

秦彦见状,已知回天乏力,不得不丢下兵马,带着几个亲信部将杀出重围逃命去了。

役诸侯者以业,趋诸侯者以利。

公元前 209 年,匈奴头曼单于的长子冒顿射杀了生身父亲自立为单于。邻国东胡王觉得冒顿杀父篡位不得人心,可以乘机敲诈他一番。于是东胡王派了一个使者,趾高气扬地来到冒顿营中向冒顿索要头曼单于的那匹千里马。

此时的冒顿虽然年轻,却很有心计。他召集群臣商议此事时,大臣都说头曼单于的千里马是匈奴宝物,绝不能给东胡王。冒顿却说,既然是邻国,不能因为一匹马伤了和气。于是将马送给东胡使者。没过多久东胡使者又来索要冒顿宠爱的妃子,冒顿又召集群臣商议,群臣非常愤怒,请求冒顿出兵讨伐。冒顿却说不要为了一个女子而得罪邻国,便将自己的宠妃送给了东胡王。东胡王见状得寸进尺,第三次派使者来索要两国之间无人居住的土地。此时,冒顿命令把东胡使者绑起来,与那些赞成将土地让给东胡王的大臣一并杀掉,然后悄悄率领倾国之兵杀奔东胡。

得了宝马、美人后,东胡王已渐渐以为冒顿软弱无能,因此,对匈奴毫无防范。冒顿率大军杀来,东胡王仓促应战,一败而不可收拾。冒顿率兵穷追猛打,杀了东胡王,一雪夺宝马与宠妾的耻辱,还把大批东胡百姓和众多的牲畜掠夺回国。

东胡王贪利忘义,国破身亡,成为后人的笑柄。

行军篇第九

【原文】

孙子曰：凡处军、相敌，绝山依谷，视生处高，战隆无登。此处山之军也。

绝水必远水。客绝水而来，勿迎之于水内，令半济而击之，利；欲战者，无附于水而迎客；视生处高①，无迎水流。此处水上之军也。

绝斥泽，惟亟去无留；若交军于斥泽之中，必依水草而背众树，此处斥泽之军也。

平陆处易而右背高，前死后生，此处平陆之军也。

凡此四军之利，黄帝之所以胜四帝也。

凡军好高而恶下，贵阳而贱阴，养生而处实，军无百疾，是谓必胜。

丘陵堤防，必处其阳而右背之。此兵之利，地之助也②。

上雨，水沫至，欲涉者，待其定也。

【译文】

孙子说：凡是处置部署军队和判断敌情，都应当注意以下原则：在山谷里要占据险要的山头，驻扎在向阳面、视线良好的地方，在高地上与敌人战斗不能从下往上仰攻，这是在山地部署部队的原则。

横渡江河之后，必须在远离水域的地带安营扎寨。敌军渡水向我进攻，切勿在水中迎击他们，而应当在他们的部队一半登陆而另一半在水中时加以打击，这时可以取胜；如果想同敌人决战，不要紧挨于水边布阵；在河侧江畔布阵也应占据向阳的高地，不能面迎水流处居下游。这是处置水上军队的原则。

穿越盐碱沼泽地时，应该迅速地离开而不能逗留；如果不得已必须在沼泽地中作战时，应靠近水草而背靠树林，这是布置盐碱沼泽地之中军队的原则。

在平原地带，要立足于进退容易而且背后有高地支撑的地域，前低后高，这是平原地带布置部队的原则。

上述部署山地、水路、沼泽和平原四种部队的原则，也是黄帝战胜四方诸侯（部落）首领的原因。

驻军时，偏向干燥的高地而讨厌潮湿的洼地，重视向阳而讨厌阴暗，靠近水草粮仓且运输便利，将士百病不生，这样去战胜敌人就有了保证。

在丘陵堤防地域，必须占领向阳的南面而西侧靠山。这些都是对军队有利的地形条件。

上游下雨涨水，下游洪水骤至，若想渡河要待水流平稳。

【注评】

① 视生处高。

"行军篇"说的不仅是如何行军,而且指明了如何布阵迎战。现代军事战争以卫星、飞机为先进装备,它们"视生处高"的程度是古代军事家不能想象的。

孙子的战术思想,完全可以运用于现代社会中的商业竞争活动。"视生处高"则是对产品技术领先程度和市场状态的宏观把握,如果已有某些产品领先于我方,则应当"战隆无登"。在参加竞争之前,首先要明确自己是处山或临水还是绝斥泽或处平陆,制定的市场方针必然有所不同。我们可以将本土实力强大的对手视为处山之军,将海外引进的技术和产品视为绝水而来之军,将产品转型或升级时期的企业竞争视为绝斥泽之军,将稳步发展的长线产品视为处平陆之军。不妨试着比论一下,将会有所受益。

如果将人生比作战争,"贵阳而贱阴"就是做人光明磊落,"养生而处实"就是脚踏实地地工作。在处理事务之时,应当先观事态变化,尤其一个事物刚刚发展之时,如同上游下雨,下游漫涌泡沫,人们只有耐心地等待水沫平定之后,才能看清水流,然后选择自己的切入口和投入方式,不至于陷入旋涡。人生漫长,涉足各个领域,处处暗藏危险,小心驶得万里船。孙子所说的"欲涉待其定"就是这个意思。

往往我们要面对的敌人正是我们自身的性格缺陷,如同本篇提及的绝涧、天井、天陷、天隙等绝地,首先要善于发现它们,勇于承认它们,然后才能坚决地远离它们。然而,怎样才能发现自身的性格缺陷呢?这就必须"视生处高"!

② 此兵之利,地之助也。

此处的"地",指的是作战时的自然条件,也指"察颜观色"的对象。俗话说"察颜观色",其目的有两个方面:一是积极的方面,即根据表面现象,判断对方的动向,进行主动的战略设计以调动敌人;二是被动的防御,明察敌人的动向,为抵御或回避敌人做好相应的准备。任何事情的承担者,都要有"透过现象看本质"的基本功。

所谓"察颜观色",就是直接观察敌人的动向来判断他们的下一步行动。然后可以通过对客观第三者(如鸟兽、尘土等)状态的观察,分析敌人的情况。

有时,我们不一定能够直接观察到对手的行动,但是可以通过观察对手接触过的事物间接得到一些结论,因为它们的状态也能比较切实地折射出对手的状态或动向。

直观敌阵,可获直接的判断,这是战争经验的总结,然而,这是古代战场的特点。在现代战争中,敌我双方的军事准备与士兵的生活状态的关系已经不太紧密。现代战争中布阵的时间已经相当短暂。当我军观察到敌军动向之后,能够调整应战的时间必然十分紧迫。所以,一支部队及其指挥员平时训练的素质高低在此时必然有所反映。如果想做到"魔高一尺,道高一丈",这对我军将领则提出了更高的要求。如同下围棋一样,棋胜一步往往基于"胸有成竹",将敌手的每一步在自己的头脑之中预演。

孙武的上述描述,实际上反映了敌军基层士兵的心理状态。我们观察的对手如果是商业集团或政治势力,可以先观其成员的心态及其表现。

在敌人内部出现矛盾分化之时,不必急于打击敌人,如果操之过急,反而会使敌人暂时放弃内部争执,而形成一致对外的战略联盟。

战争就是一种"道",它的发展也经历了从"无为"到"有为"的过程。指挥员的缺陷,往往在于缺乏"无为"的耐心,结果导致打"无准备之仗",需要引以为戒。

◁关羽像

【原文】

凡地有绝涧、天井、天牢、天罗、天陷、天隙，必亟去之，勿近也。吾远之，敌近之；吾迎之，敌背之。军行有险阻、潢井、葭苇、山林、翳荟者，必谨覆索之，此伏奸之所处也。

敌近而静者，恃其险也；远而其挑战者，欲人之进也；其所居易者，利也；众树动者，来也；众草多障者，疑也。鸟起者，伏也；兽骇者，覆也。尘高而锐者，车来也；卑而广者，徒来也；散而条达者，樵采也；少而往来者，营军也。

辞卑而益备者，进也；辞强而进驱者，退也。轻车先出，居其侧者，陈也；无约而请和者，谋也；奔走而陈兵车者，期也；半进半退者，诱也。杖而立者，饥也；汲而先饮者，渴也；见利而不进者，劳也。鸟集者，虚也；夜呼者，恐也；军扰者，将不重也；旌旗动者，乱也；吏怒者，倦也；粟马肉食，军无悬瓴，不返其舍者，穷寇也。

【译文】

　　凡是经过绝涧、天井、天牢、天罗、天陷、天隙这六种地形，必须迅速离去，不要靠近它。我军远离它们，让敌人靠近；我军正面迎向它们，让敌人背靠它们。行军至险峻的隘路、湖沼、芦苇、山林和草木茂盛的地方，一定要谨慎地反复搜索，这些都是敌人有可能暗藏伏兵和奸细的地方。

　　当敌人逼近时仍能保持镇静，是由于占领了险要的地势；敌人离我军很远但前来挑战，是想引诱我军误入他们预先设置的圈套；敌人不断改变扎营处，是为了利益；许多树木摇曳摆动，预示着敌人隐蔽而来；草丛之中设置了许多遮障物，是敌人布置了疑兵之阵。鸟雀惊飞，这说明下面有伏兵；野兽受惊骇奔，说明敌人已经大举突袭。远处尘土飞扬笔直上升，说明敌人是车队前进；尘土低而宽广，说明敌人是徒步而来；尘土分散而细长，断断续续地上升，说明敌人在砍伐树木，准备安营扎寨；尘土稀薄时起时落，说明此处是敌人的营盘。

　　敌人措辞谦卑，而又在加紧增置装备，这是在准备进攻；敌人措辞强硬而部队准备进攻，其实是要撤退。敌人乘战车部署在它的大本营之侧，这是在布列阵势；敌人无缘无故主动前来讲和的，必定有阴谋；敌人急速奔跑摆开阵势，是想与我决战；敌人半进半退，是在引诱我军。敌军士兵倚着兵械站立着，表明他们饥饿；敌人打水的人自己先喝，表明干渴缺水；敌人看见了利益但并不向前，表明他们十分疲劳。敌营上方飞鸟集结，表明是一座空营；敌人夜间惊慌叫喊，这是恐惧的表现；敌营纷扰惊乱，表明他们的将领已经失去了权威；敌军的旗帜摇动不齐，表明敌军已经混乱；敌人的下级军官易怒烦躁，表明全军已经疲倦；敌人喂饱军马，杀食牲畜，收拾起炊具，不返回营帐，这就表明他们已是打算拼死突围的穷寇了。

◁ 李牧雁门纵牧

【原文】

谆谆翕翕，徐与人言者，失众也；数赏者，窘也；数罚者，困也。先暴而后畏其众者，不精之至也；来委谢者，欲休息也。兵怒而相迎，久而不合，又不相去，必谨察之。

兵非益多也，惟无武进③，足以并力、料敌、取人而已；夫惟无虑而易敌者，必擒于人。

卒未亲附而罚之，则不服④，不服则难用也。卒已亲附而罚不行，则不可用也。

故令之以文，齐之以武，是谓必取。令素行以教其民，则民服⑤；令不素行以教其民，则民不服。令素行者，与众相得也。

【译文】

敌将低声下气与部下说话,表明已经不得人心;接连不断地犒赏士兵,表明敌将已经无计可施;接连不断地处罚士兵,表明敌军已经处境困难。敌将先是粗暴地对待下属,然后又害怕下属,表明敌将愚蠢到极点;敌人派遣使者前来赠礼言好,说明敌人打算休兵息战。敌人虽然怒气冲冲与我军对阵,但既不交锋又不撤退,这就必须审慎地观察他们的真实意图。

兵力不是在数量上越多越好,只要没有武断的冒进,做到集中兵力、判明敌情、取得部下的信任和支持就足够了。如果缺乏深谋远虑而又轻视敌人,一定会被敌人俘虏。

士兵还没有与将领亲和融洽时,将领对他们进行处罚会使他们不服,士兵不服气则难以调遣。士兵已经与将领关系融洽,将领却对他们的错误不加以处罚,这样同样无法调遣。

所以,要用怀柔宽仁的手段去教育士兵,用军纪军法去管束规范他们,这样的将领必定会取得士兵的信任和拥戴。制定并颁布可以贯彻的条例来管教士兵,士兵会服从;制定一些不能贯彻的条例去管教士兵,他们是不会服从的。制定可行条例的将领,与士兵的关系将是十分融洽的。

【注评】

③ 兵非益多也，惟无武进。

军事力量包含素质和数量两个重要因素。显然，孙武是强调素质重于数量的。与此同时，孙武的军事思想还表现为一种"实证"的特点，它主要是看效果而不讲意义及其过程。当然，这也由于战争是以胜负作为最终客观结局。

在现实生活之中，有些事情是追求过程尽量完美，有些事情则是要求结果能够理想实现，所以，我们必须分清主次。

④ 卒未亲附而罚之，则不服。

任何组织在其运行功能的过程之中，"奖"与"罚"都是一张一弛的制度内容，尤其可以作为治理军政的两大法宝。

《长短经·兵权·禁令》中记载有：过去的兵书说："兵以赏为表，以罚为里。"又曰："令之以文，齐之以武，是谓必取。"《吴子·图国第一》也说："凡制国治军，必教之以礼，励之以义，使有耻也。夫人有耻，在大足以战，在小足以守矣。"可见，文赏武罚互为表里，在古代军队中一直是屡试不爽的治军手段。比如曹操马踏青苗，割发而自刑；诸葛亮挥泪斩马谡。这都是严肃军纪的范例。

《六韬》认为："刑上极，赏下通。"意思就是说，对上级军官采用刑罚可以使军队的士兵服气，对下级士兵进行奖励则通情达理，这样办事就可以畅通无阻了。

实际上，一个组织的成员受到奖励之后，往往意气风发、斗志昂扬，使整个组织呈现出一种积极向上的精神风貌。这就是"以赏为表"的含义。同时，由于组织内部纪律严明，犯者必罚，组织制度成为组织战斗力的基本保障。这就是"以罚为里"的含义。

孙武在这段文字中，提示人们赏罚不仅要有尺度，而且应当注意前提条件：敌军那种对下级军官经常性的赏罚，目的在于笼络人心，实际上已经失去了真正意义。这也是我军必须警惕的。

⑤ 令之以文,齐之以武,是谓必取。令素行以教其民,则民服。

"官兵关系"是否只能靠条例与规章加以维持? 这是一个军队管理者经常遇到的问题。在过去,军队制度大多由将领们制定,很少有民主成分。军纪是不能协商的,但是,官兵关系却是一种协同关系,不是一种单纯的管理与被管理的关系。

国外某些公司的服务理念(如 IBM)值得借鉴,即互相服务。下级对上级、上级对下级、职员对用户等互相支持,这充分体现出一种特殊的协同关系。从人格上而言,将领与士兵是平等的。只有职务的高低之分,但没有人格的高低之分。

所谓"文",如同春雨润物细无声,是对下属的一种感情投入和切身关怀。所谓"武",如同肩负重担,是一种不能推卸的责任。如果用贬义的词去形容,则"文令武齐"可谓是"软硬兼施"。而褒义的解释则是"内刚外柔",即军队内部在铁的纪律制约下成为铜墙铁壁,而在捍卫正义和执守道义方面成为"仁义之师"。

在上述思想中孙武还暗示着一种提醒,即官兵的关系绝对不能庸俗化到丧失原则的地步。

在官兵关系的协调过程之中,可行的条例或规章就是防止上述庸俗化官兵关系形成有效力量。孙武在《行军篇》的最后,十分强调官兵关系必须以可行的规章为准则或戒律,其中意义是十分明显的。

另外,孙武还指出了官兵关系所反映出的军队状态。通过观察对手的上下级的关系,就能基本判断他们的战斗力。

【精彩案例】

辞卑而益备者,进也。

战国后期,赵王派大将李牧守卫北部抵御匈奴。李牧在雁门(今山西东北部)一带驻扎数年只是积极备战和谨慎防守,从不主动出战,国土无丧失,军队无伤亡,边境人畜两旺。这样一来,匈奴人认为李牧怯敌,甚至李牧的士兵也认为主将怯敌。赵王得知后也很不满意,于是派人督责,但李牧依然不改做法。于是赵王准备撤下李牧换他人守边。但是只在一年的时间里,赵军就与匈奴交锋数次连连失利,部队伤亡很重,边境农牧生产也遭破坏。

于是,赵王不得不重新起用李牧。李牧上任后依然和从前一样,抓紧练兵,小心管理烽火台。他训练士兵在匈奴来犯时如何迅速收归牛羊隐蔽,还派军士扮成牧人模样深入匈奴地区了解敌情,还将军卒粮饷统一归大本营管理。李牧体恤手下将士,不断改善士兵生活,以至于士气非常旺盛,全体军士都希望杀敌立功以报效主将对自己的恩德。

在匈奴未觉察的情况下,李牧已备好一千三百乘战车、一万三千匹战马、十万名优秀射手和五万人组成的冲锋队。这一天,成群的牛马被牧民赶到原野,匈奴人见有利可图,便派小股部队冲过来试探。只见牧民丢下牛羊逃了回去,匈奴获得了全部的牛羊,却不见李牧出击。因此,匈奴人以为李牧真是胆小鬼。

匈奴单于得报,决定亲率大军南下攻赵。岂料,李牧的长期回避自保只是诱敌之计,他早已布下了许多陷阱。所以,两军遭遇,赵军胸有成竹,重创匈奴大军。从此,匈奴十分惧怕李牧,再也不敢南侵。

夫惟无虑而易敌者,必擒于人。

荆州位于魏、蜀、吴三国之间,是南北交通要道、兵家必争之地。刘备入川后,荆州交由大将关羽镇守。

219年秋天,关羽用大水击破魏将于禁和庞德的部队,乘胜进攻曹仁把守的樊城,曹操闻报大惊。对此,谋士司马懿献计说,孙权与刘备明合暗不合,早想夺荆州却没有机会,我们可许诺把江南土地让给孙权,再让他出兵攻击关羽后方,樊城之危即可不战而解。曹操应允,便派使者致函孙权。孙权果然应允,派大将陆逊、吕蒙偷袭关羽后方。

关羽虽远征樊城,对后方东吴仍有防备。为了麻痹关羽,东吴守将吕蒙借治病之名退回国都建业(今江苏南京),让青年将军陆逊接替自己。陆逊到任后,即向关羽送去吹捧关羽、贬低自己的亲笔信和厚礼,再三表示蜀、吴两家永世修好,还请关羽多加关照。关羽看陆逊是乳臭未干的书生便收下礼品,随后下令把防范东吴的军队全部调往樊城前线。陆逊却悄悄突袭了关羽的后方,已攻下公安、江陵等地,关羽慌忙撤军企图回师江陵。然而,吕蒙攻占公安、江陵等地之后对蜀军家属加倍关照,蜀军将士得知家属平安后便陆续投靠东吴。对此局势,关羽已回天乏力,不久便败走麦城,被吕蒙设计斩杀,荆州城从此落入东吴手中。

地形篇第十

【原文】

孙子曰：地形有通者，有挂者，有支者，有隘者，有险者，有远者。

我可以往，彼可以来，曰通。通形者，先居高阳，利粮道，以战则利。

可以往，难以返，曰挂。挂形者，敌无备，出而胜之；敌若有备，出而不胜，难以返，不利。

我出而不利，彼出而不利，曰支。支形者，敌虽利我，我无出也。引而去之，令敌半出而击之，利。

隘形者，我先居之，必盈之以待敌。若敌先居之，盈而勿从，不盈而从之。

险形者，我先居之，必居高阳以待敌。若敌先居之，引而去之，勿从也。

远形者，势均，难以挑战，战而不利。

【译文】

孙子说：地形有通、挂、支、隘、险、远六种。

凡是我军可以去，而敌人可以来的地域，称作"通"。在"通"的地域，应当首先抢占开阔向阳的高地，保持粮道及军需补给线的畅通，这样对敌作战就有利。

凡是我可以前进，但是难以返回的地域，称作"挂"。在"挂"的地域，敌人若没有防备，我方出击便能取胜；如果敌人已有防备，我方出击就不能取胜，而且难以回师，这就不利了。

凡是我军和敌军出击都不利的地域，称作"支"。在"支"的地域，敌人虽以利益来引诱，我军也不要出击，而应当率军假装退却，诱使敌人出击一半时再回师反击，这样就有利了。

在"隘"的地域上，我军应当抢先占领，以充足的重兵等待敌人的到来。如果敌人已经抢先占领，应当在其兵力充足时不攻击他们，当其兵力匮乏时攻击他们。

在"险"的地域上，我军应当占领向阳高地迎敌。如果敌人抢先占据，我军应当主动离去，而不是去攻击他们。

在"远"的地域上，敌我双方势均力敌，不宜去挑战，勉强求战是十分不利的。

◁ 八阵图

【原文】

凡此六者,地之道也①。将之至任,不可不察也。

故兵有走者,有弛者,有陷者,有崩者,有乱者,有北者。凡此六者,非天之灾,将之过也。

夫势均,以一击十,曰走。

卒强吏弱,曰弛。

吏强卒弱,曰陷。

大吏怒而不服,遇敌怼而自战,将不知其能,曰崩。

将弱不严,教道不明,吏卒无常,陈兵纵横,曰乱。

将不能料敌,以少合众,以弱击强,兵无选锋,曰北。

凡此六者,败之道也②,将之至任,不可不察也。

【译文】

以上六点,是利用"地形"的原则。这是将军应当担负的重大责任,不可不认真地考察研究。

军队不利的形态有以下六种,即走、弛、陷、崩、乱、北。造成这六种情况的,并非天灾,而是将领的过错。

在势均力敌的情况下,以我军的少数兵力去攻击敌军的大量部队而导致失败的,称为"走"。

士兵强悍但下级军官软弱,使部队涣散失败,称为"弛"。

下级军官强悍但士兵软弱,无法落实军令而失败,称为"陷"。

上级军官的偏将对主将心怀不满,遇敌时抗令而擅自迎敌导致部队崩溃,是因为主将不能理解他们的能力,称为"崩"。

将领懦弱缺乏应有的威严,训导没有章法,官兵之间不能团结和谐,列兵布阵杂乱无常,这样出战导致的失败,称为"乱"。

将领不能正确判断敌情,以少击多,以弱击强,作战又没有精锐的先锋部队,因此导致的失败,称为"北"。

上述六种情况,都是导致失败的原因,是将领的重大责任所在,不可不认真地考察研究。

【注评】

① 凡此六者,地之道也。

《孙子兵法》中所描述的六种地形,是实战的客观条件。战地的形势,是士兵赖以发挥战斗力的基础条件。

在这方面,《孙子兵法》中总的原则是:首先占据有利条件。他给我们的提示是:先必须分清当前所处的地势地形是什么类型的,然后才谈得上如何加以利用。

古时没有空军,所以十分强调"登高向阳"。"登高向阳"几乎成为"通变"的最佳条件。俗话说:"心地高而天地广。"任何人一旦胸怀大志,必然能够登高望远。登高是一种脚踏实地,望远则是一种崇高的理想和志向。过去的君王常以"君临天下"而自喻无上的地位和权力高度。传统儒家所提倡的思想境界则是"一览众山小"。

在现代军事战争中,谁具备了较高的视角,谁把握了宏观大局的走势,谁就获得胜利的希望。所以,卫星技术及航天技术的军事发展也富含这方面的道理。

然而,孙武给我们的真正启发应当是:作为带兵打仗的将军,不仅要在地形上抢先占领高地,更要在心志上光明磊落,具有宏图伟略,这才是难能可贵的。

② 凡此六者,败之道也。

战争之中,首先必须保证"不败",然后才有可能"争胜",这是《孙子兵法》"不战"—"慎战"—"善战"这种基本战略思想的特点所在。

分析失败的教训往往比总结胜利的经验更有益处,更为实用。在本篇中,孙武所列出的所谓"走、弛、陷、崩、乱、北"这六种失败情况,实际上可以分为两类:一是兵弱,二是将弱。集中反映出的矛盾,则是兵将不能团结和谐。

力量与能力上的差异,是不能团结和谐的原因之一,但更主要的原因,却是兵将相互之间的不了解、不理解。

当上级与下级之间不能很好地互通情感时,往往会被不当地运用纪律,从而导致潜在的断层和分裂。结果,下级对上级敬而远之,面和心不和,甚至明争暗斗。在上级军官某方面能力不及下级时,上下级之间的这种矛盾关系将会明显地反映出来。

由此,对于军队的内部管理者来说,这里就提出了一个重要的课题,即如何将铁的纪律与柔性管理、情感管理较好地结合起来。在中国古代,有不少将领在治军时已经充分注意到了这种有益的建设。

现代军队管理更重视对人的关心,对人的和谐度、能力的发展空间、各人之间人力的最佳配置等,这些都是军纪和条例之外的潜在活力。在现代战争和军队建设中越来越占据重要位置。

所以,军队建设首先应当是人的建设。

【原文】

夫地形者,兵之助也。料敌制胜,计险阨远近,上将之道也。知此而用战者必胜,不知此而用战者必败。

故战道必胜,主曰无战,必战可也;战道不胜,主曰必战,无战可也。

故进不求名,退不避罪,唯人是保,而利合于主③,国之宝也。

视卒如婴儿,故可与之赴深谿;视卒如爱子,故可与之俱死。厚而不能使,爱而不能令,乱而不能治,譬若骄子④,不可用也。

知吾卒之可以击,而不知敌之不可击,胜之半也;知敌之可击,而不知吾卒之不可以击,胜之半也;知敌之可击,知吾卒之可以击,而不知地形之不可以战,胜之半也。

故知兵者,动而不迷,举而不穷。

故曰:知彼知己,胜乃不殆;知天知地,胜乃不穷⑤。

【译文】

所以，地形是用兵打仗的辅助条件。正确地判断敌情并争取掌握作战的主动权，考察地形的险要程度和进军道路的远近，这些都是贤能高明的将军必须做的事。了解这个道理而去用兵打仗的必定胜利，反之必定失败。

所以，如果战争的客观条件显示我军必胜，即使君主不主张出战，将领们也可以根据条件自行决定出战；如果战争的客观条件显示对我军不利，即使君主主张出战，将领们也有理由决定不予参战。

所以，率兵进攻并不是为了追求功名，率兵撤退也并非为了逃避战败的罪名。一位将领如果能以保护广大人民的利益作为进退的根本依据，同时又能满足君主的利益，他就是国家的珍贵财富。

将士卒看作自己的孩子，这样士卒就可以同将领共赴患难。将士卒看作自己的爱子，这样士卒就可以同将领同生共死。如果对士卒过分厚待而舍不得使唤，溺爱而不能指挥，当他们违法时又不加以惩治，那就如同宠溺孩子，是不可以用来与敌作战的。

只了解自己部队打仗的能力，而不了解敌人的作战能力，取胜的可能性也只有一半；知道敌人可以被攻击的弱点，而不知道自己的弱点，取胜的可能性也只有一半；知道敌人的弱点和自己的弱点，但不了解作战地点的不利之处，取胜的可能性也只有一半。

所以，懂得用兵的人，行动起来不会迷惑，他的作战措施变化无穷，不会使自己困窘。

所以说：了解对方的同时也了解自己，争取胜利时就不会有危险；懂得天时和地利，就能不断取得胜利。

【注评】

③ 进不求名，退不避罪，唯人是保，而利合于主。

国事中君臣之分，与军事中主将之分有所区别。

臣的使命是贯彻君意，行使国家行政职能以管理百姓社会，而将领的使命是保卫国土、保护百姓的根本利益，同时也保证君主的地位不受颠覆。所以，臣的行为以君命为准绳，将的行为以制胜为准绳。可见，作为领兵打仗的将领在行动时似乎有两套标准，一是君命，二是百姓利益。

当君命不符合客观条件而导致伤及百姓利益时，孙武认为将军应当以保护百姓利益为重。孙子认为，所谓"唯人是保"，即"保护人民的根本利益"才是决断进退以及"将在外，君命有所不受"的根本。正如梅尧臣注的那样："宁违命而取胜，勿顺命而致败。"

孙武认为，将领必须是心胸坦荡的。这表现在不为个人的名利得失所左右。

孙武的这段"进不求名，退不避罪，唯人是保，利合于主"文字，表明了他主张军事也必须以客观条件及客观规律作为依据，主张一种军事唯物主义立场，也表达了孙武对君将关系的基本态度。

君臣关系一直是中国封建社会中最微妙的关系，君王与将领之间的关系也是如此。

孙武从战争的目的与手段出发，通过特定的时空设定，将君将关系融合到一个比较宽松的环境之中。他的基本观点似乎是：战争在于重结果，而不在于重过程。这似乎又与治理社会有所不同。

从中我们可以看到，孙武将复杂的问题通过不同条件进行限定或设定，这是一种与时俱进的思维方式。

所谓"将在外"就是这种特殊的条件设定，为了保民利君而进行适度调整的"抗命"，可以被视为合理而善意的自作主张。

当然，所谓"将在外，君命有所不受"，还必须以具体军事组织中赋予将领的实际权力究竟有多大作为决策的基础。

④ 譬若骄子。

在本篇中,孙武讨论了将士兵分别视为"婴儿""爱子""骄子"这三种情况下军队可能出现的作战状态。虽然不是父子,但是将士关系如果处理的胜似父子,那么何患打仗没有"父子兵"呢?梅尧臣注释道:"抚而育之,则亲而不离;爱而勖之,则信而不疑。故虽死与死,虽危与危。"其中的"与"字就是"共蹈同赴"的意思。王晳的解释是:"以仁恩结人心也。"

我们注意到,孙武讲仁爱士卒是有分寸的,他坚持反对"骄子"式的治军方式。对士兵的爱护要放在心上,却不能纵容非为。纵子实为害子,军队中纵容士兵的结果不仅会使部队丧失战斗力,更严重的是国家将无兵可用,社稷难保。所以,军队是一个十分特殊的集团,必须将法治与仁治相结合,其中又以法治为首要方式。

至此可见,在本篇中,孙武既谈到了君将关系,又谈到了将卒关系。作为一位将领,身处君王和士兵的中间,对这两层复杂关系不可不做认真地思考。

⑤ 知彼知己,胜乃不殆;知天知地,胜乃不穷。

作为《地形篇》的总结,孙武十分强调"知彼知己"的重要性,尤其重视"知己"。

在日常的对抗之中,人们注意力往往集中在分析对方的弱点和自己的长处,总想以己之长打击敌人的短处。但是,忽视了客观地发现和分析自己的短处。

一般来说,军队所遇到的所谓"危险",最致命的正是来自自己存在的弱点,而且是没有及时地发现并予以有效防范的那些弱点。

"知彼"的同时,又必须能够"知己"。

"知彼知己"的真正目的,不一定是为了攻击敌人而获得胜利,而在于防范敌人并保存实力。孙武认为,这是"胜乃不殆"的直接原因。

与此相对应，要想取得战斗的胜利，就必须"知天知地"。所谓"天"是指战争的形势、士气和时机，所谓"地"是指战争的条件与同盟之间的关系。要想胜利，应当在这两个方面多下功夫。

回顾孙武的这篇《地形篇》，实际上他所说的"地形"，不仅指作战时的地理形势，更指作战时将领的心态。

将心态比作地势地形，自然也有"通""挂""支""隘""险""远"六种类型，也可能出现所谓"走""弛""陷""崩""乱""北"这六种失败情况。作为将领，首先必须明察这一点！

【精彩案例】

若敌先居之，盈而勿从，不盈而从之。

公元1049年，战功显赫的辽国老将萧惠统率大军进攻西夏，兵多将广，部队绵延百里。因此，萧惠趾高气扬地认为，新登基的小西夏王还不足两岁，西夏国由太后掌权，一个幼子和一个女人是没有能力与自己抗衡的。然而，辽国大军进入西夏境内，始终未见西夏的一兵一卒，萧惠遂派小队人马前去侦察，却日久未归。于是，萧惠心急起来，便命令部队立刻出发。当时，萧惠军中的战马主要用来运输粮草等军用物资，导致骑兵不得不改为步兵，因此，骑兵没有一点战斗力。此时，有属下劝阻说，我们远道而来情况不明，应该安营扎寨以防意外，切不可深入盲进。萧惠却不以为然，命令部队继续前进。

这一天，辽军刚安营扎寨，探子回来报告前方发现西夏大军。萧惠一听认为这是虚报军情动摇军心，竟把侦察人员绑起来要推出去斩首。就在此时山坡上战鼓喊杀声一片，西夏兵猛冲下来势不可挡，辽军仓皇应战无法抵挡，萧惠和一些将士们还未穿上盔甲，就慌忙上马四处奔逃。西夏军万箭齐发射向溃逃的辽兵，辽兵成片倒下。萧惠奋力死战才逃得性命，亲生儿子却死在乱军之中。

料敌制胜，计险阨远近，上将之道也。

三国时期，诸葛亮五出祁山之前便悄悄地联合东吴一起攻魏。

因此,孙权派荆州牧陆逊和大将军诸葛瑾率水军向襄阳进攻,自己率领十万大军沿长江来到合肥南边巢湖口。魏明帝曹叡带领魏军一面迎击攻向襄阳的蜀汉军队,一面向巢湖口突袭,射杀了吴军大将孙泰并击溃了吴军。

听说孙权已经退兵,诸葛瑾赶紧派使者给陆逊送信,建议陆逊退兵。使者很快回报诸葛瑾,说陆逊正在与部将下围棋,读罢信后也只是把信件放在一边继续下棋。诸葛瑾又问陆逊部队状态如何,使者回答说他的士兵都在江岸上种豆种菜,对魏军的逼近并不在意。诸葛瑾听后很不放心,亲自坐船去见陆逊。他问陆逊,魏军全力以赴进攻,该如何应对?陆逊说,如今魏军有绝对优势,又有大胜之威,我军出战绝难取胜,只有撤退。诸葛瑾说,既然要撤,为何按兵不动?陆逊回答,敌强我弱的情况下,我军一退,敌人势必掩杀过来,然后必是一片混乱,谁都控制不了。陆逊制订了一项撤退计划,告诉诸葛瑾要协同配合,方可保全。

诸葛瑾辞别后,陆逊从容命令军队离船上岸向襄阳进发,并大肆宣扬不攻下襄阳誓不回兵。魏军听说陆逊弃船上岸向襄阳开来,立刻调集人马准备在襄阳城外迎战吴军。魏军统帅接到密探报告说陆逊的部队在江岸上种豆种菜,毫无撤退之意。因此,魏军不再派兵赶往江边了。此时,陆逊率领大队人马向着襄阳挺进,行至中途却突然停止前进,改后队为前队,朝着相反方向疾速地向诸葛瑾水军驻地撤退。

诸葛瑾离开陆逊回到水军大营后,便将撤退的船只悄悄备足,陆逊的将士抵达后便迅速登船。没几天,一艘艘满载将士们的战船扬起风帆,沿着长江顺流而下,驶回江东。而在襄阳城外,魏军久等陆逊不见踪影,等探子回报才发觉上当,挥师急追到江边,陆逊营地已是空空如也。

厚而不能使,爱而不能令,乱而不能治,譬若骄子,不可用也。

五代后唐,李从珂跟随唐明宗李嗣源南征北战,因立下汗马功劳被封为潞王。李嗣源死后,其子李从厚继位,史称闵帝。闵帝年纪小,朝政全由朱弘昭等人把持。朱弘昭先后将前朝重臣贬黜,李从珂也是难逃厄运。于是,李从珂在凤翔(今陕西凤翔)起兵。朝廷闻报,便派西都留守王思同领兵征讨。

凤翔城墙低矮,护城河也浅,王思同顺利地进入凤翔东西关城,直逼凤翔城下。李从珂见形势险危,冒险登上城楼向城外将士声泪俱下地呼喊,称自己从小就跟随先帝出生入死打下江山,如今奸人当道,挑拨骨肉之情。王思同带来的兵将都曾跟随过李从珂出征,因此十分同情李从珂。指挥使杨思权原本与朱弘昭不合,于是乘机大喊:“大相公(即从珂)才是我们的真正主人!”随即率领自己的部队投降了李从珂。杨思权进入凤翔城后要求李从珂在攻克京师后封自己为节度使,李从珂当即在一张白纸上写下了承诺。消息传开后,另一位指挥使尹晖疾呼:“杨思权已经入城受封了,我们还拼什么命啊?”将士们闻言纷纷扔下兵器归顺李从珂。王思同见大势已去,只好抛下军队逃命去了。

李从珂由败转胜,喜从天降,便倾尽城中财物犒赏各位将士。李从珂又发布东进命令,凡攻入京都洛阳者赏钱百缗(一千文为一缗),将士们听罢欢声雷动。而王思同逃回洛阳后,闵帝惊慌失措,命侍卫亲军指挥使康义诚率兵征讨李从珂,结果却是全军向李从珂投降,并引导李从珂顺路杀入洛阳。在此严峻形势下,太后被迫下令废除闵帝,立潞王李从珂为皇帝。

李从珂即位后,下诏打开库府犒赏将士以兑现出征时的诺言,哪知库府空空如也。当时,兑现犒赏所需费用高达五十万缗。于是,李从珂以各种手段搜刮民财,逼得百姓上吊投井。他又将宫廷中各种器物包括太后、太妃的簪珥拿来,才勉强凑了二十万缗,尚缺五分之三。对此,大学士李专美劝说李从珂,国家存亡在于修法度立纲纪,一味犒赏永远填不满骄兵的欲壑。李从珂听罢便对士卒不再一味纵容了。然而,他并未从根本上修法度立纲纪,对属下的违法乱纪行为依然迁就,只是大事化小、小事化了。

李从珂即位后第三年,河东节度使石敬瑭兴兵造反。由于李从珂治军不严、纲纪不明,派出去平叛的队伍一意孤行,投降、叛逃、通敌事件不断发生。最终,石敬瑭长驱直入洛阳,李从珂含恨登楼举火自焚,后唐从此灭亡。

知彼知己,胜乃不殆。

隋朝末年天下大乱,隋将薛举、李渊先后称帝,且为夺取天下,薛、李之间征战不停。618年,薛举的儿子薛仁杲率大军包围了李渊所在的泾州(甘肃泾川北),大败泾州守军并击杀大将刘感。李渊闻讯即派秦王李世民带兵救援。

李世民进入泾州城后坚守不出。薛仁杲派宗罗睺前去挑战。面对百般辱骂,一些将领按捺不住,纷纷向李世民请战。李世民说,我军刚打败仗士气不振,贼军接连取胜士气正旺。此时出兵,必败无疑。我们紧闭城门以逸待劳,日子一长,狂妄的敌军必然由骄生惰,我军士气则可恢复元气,等到机会出现再争取全胜。李世民决然打断了几位将领的犹豫,果断下令,从现在开始,谁要再敢言战,立斩!

自此之后,将士上下同心,任凭敌军辱骂只是坚守不出。双方相持两个多月,薛仁杲的军粮日渐减少,士气低落。薛仁杲见士卒有所疏忽怠惰,便辱骂鞭打,将士多有怨恨。之后,一些士卒悄悄投向李世民营中要饭吃。不久,成队的士卒在偏将带领下向李世民投降。

事已至此,李世民派右武侯大将军庞玉在无险可守的浅水原南布阵以吸引薛军主力,自己亲率大军偷袭薛军背后。薛军主力受到前后夹击,一败涂地,李世民乘胜追击将薛仁杲包围在高墌城。入夜,薛仁杲的士卒争先沿着绳索爬下城头向李世民投降。薛仁杲见大势已去,打开城门投降了李世民。

九地篇第十一①

【原文】

孙子曰：用兵之法，有散地，有轻地，有争地，有交地，有衢地，有重地，有圮地，有围地，有死地。

诸侯自战之地，为散地。入人之地而不深者，为轻地。我得则利，彼得亦利者，为争地。我可以往，彼可以来者，为交地。诸侯之地三属，先至而得天下之众者，为衢地。入人之地深，背城邑多者，为重地。行山林、险阻、沮泽，凡难行之道者，为圮地。所由入者隘，所从归者迂，彼寡可以击吾之众者，为围地。疾战则存，不疾战则亡者，为死地。

是故散地则无战，轻地则无止，争地则无攻，交地则无绝，衢地则合交，重地则掠，圮地则行，围地则谋，死地则战。

所谓古之善用兵者，能使敌人前后不相及，众寡不相恃，贵贱不相救，上下不相收，卒离而不集，兵合而不齐。合于利而动，不合于利而止。

【译文】

孙子说：用兵的原则中，会出现散地、轻地、争地、交地、衢地、重地、圯地、围地和死地九种地形。

诸侯的军队在自己的领地中与敌战斗，叫作"散地"。在敌国国境附近作战，叫作"轻地"。我军占领有利，敌军也占领有利的地域，叫作"争地"。我军可以去，敌军可以来的地域，叫作"交地"。同几个诸侯国相毗邻，首先到达的军队可以得到各诸侯国支援的地域，叫作"衢地"。深入敌国腹地，背后有敌国多座城邑的地域，叫作"重地"。山林险阻、水网沼泽等难以行军的地域，叫作"圯地"。进军的道路狭窄，退兵的道路迂远，敌人可以用少数的兵力向我方众军进行攻击，这种地域叫作"围地"。快速地出击就能够生存，不迅速地反击就会全军覆灭的地域，叫作"死地"。

所以，针对"九地"的对策是：在散地中，如果军心未统一就不急于投入战斗；在轻地中，不要使部队的推进停止下来；在争地中，不要攻击敌人已经占领的有利地形；在交地中，不要使自己的队伍从中间断开，必须首尾呼应；在衢地中，要积极地通过外交方式联合各诸侯国；在重地中，要快速地通过，避开敌城的包围；在圯地中，绝不能停留下来，以防陷入困境；在围地中，要以奇谋制胜；在死地中，要殊死决战以求敌死我活。

过去被称为善于作战的人，能够使敌人的前后部队不能相互呼应支援，主力部队与先遣部队无法相互依靠，官兵之间无法相互体恤，前沿作战军队与后方的指挥部相脱离，士卒离散而无法聚合，与敌交战时阵形无法整齐。对于我军来说，对我有利就出击，对我不利就停止行动。

【注评】

① 九地。

许多研究《孙子兵法》的方家,大都将上述"九地"解释为九种地域。我们认为,在这里,"九"是最大的数,表示"很多种"。显而易见,在这段文字中,孙武实际上说了不止九种。他所举的战场地形,包括轻地、争地、交地、衢地、重地、泛地、围地、死地、亡地、散地、绝地、穷地、衢地、圮地等。

孙武所要表达的真实含义是:不仅根据多种地理特点和进退情况将战场分为许多类型,而且更加强调的是多种相对应的治军方法,真可谓"因地制宜"。

按客观规律办事,这是当代领导者首先遵循的工作方针或指导思想。而客观规律的建立,是以客观事实为基础的。

任何斗争的双方都面临这样一种局面:不是在自己的地域与敌作战,就是远赴敌方领土作战。这两种情形之下,军队的处境是大不相同的,指挥员的心态和战略部署也将会不同。所以,重要的是如何制定和实施不同的战略与战术。在不同的作战条件下,指挥员首先要充分地评估军队中士卒的心理状态,学习和运用战争心理学,从"静态"的战场地理分析演绎出"动态"的战争心理导向,他的指挥水平将会更上一层。

《孙子兵法》是一部务实的兵书。其中总结了典型的作战地形特点,值得进一步探讨的,比如:

所谓"散地"是指容易逃离的地域。曹操注:"士卒恋土,道近易散。"杜牧注:"士卒近家,进无必死之心,退有归投之处。"因此,在"散地"往往因为近家而使军心涣散。

又如所谓"轻地",是指进入敌国领土,但并不深入,可以随时返回自己的疆域。因此,在"轻地"往往会因为能够轻易进入敌人的领土而导致轻敌。

又如所谓"争地"或"交地",是指那些先到者先获利的地域,往往成为兵家必争之地。在"争地"或"交地",往往会因为急于和对手争夺有利的地势而使军心浮躁。

又如所谓"衢地",往往是那些与不同的诸侯国相交的"三属"之地。我们在现在的地理学上称之为"飞地"。这样的地域,其特点往往是有着四通八达的道路网,成为各条道路的汇聚点,因此不易久住而使军心不稳。所以,在"衢地",因为可以得到诸侯的帮助而广泛结交盟友,这样可使军心产生依赖。

所谓"重地",是指我军负重压力而行的地域。在"重地"中,往往敌国的要塞就在我军的背后,我军将一直面临被敌人包围的危险,这样可使军心十分沉重,从而渐渐地产生畏惧心理,丧失战斗力。

所谓"圮地",是指废都、废城、废墟等坍塌之地,一般也是难行的地域。因为道路难行、困难重重,而使得军队疲惫不堪,士气渐渐低下,军心日益破碎。

所谓"围地",是指一旦被敌人包围或伏击就出入艰难的地域。敌人可以"一人守之,千人莫向,以奇伏胜"。在"围地"中,敌人可以用少数兵力钳制我军,这样往往会使我方军心困惑而不知所措。

所谓"死地",是指只能决死之战、不战则亡、你死我活的地域,也是敌我双方的绝望之地。在"死地"中,军队往往会因为自己的反击力量不足而产生绝望心理。

上面分析了"九地"对军队士卒可能产生的负面心理变化特点及其产生的客观条件。指挥员不仅必须正面地鼓励士卒的战斗士气,更应当关注、预防或转化、消解他们因为"九地"所引发的负面心理情绪,以保证军队能够勇往直前。

孙武论述的"九地"仅仅是指古代战争的九种特殊的地理环境。但是,我们完全可以将我们所面临的有关政治、文化、外交、经济以及现代战争的环境与此类比,则可以因地制宜,制订相应的计策,同时防患于未然。

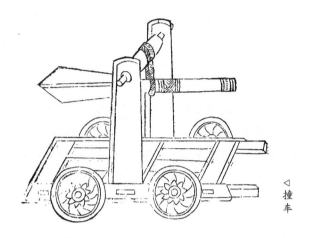

◁撞车

【原文】

　　敢问:"敌众整而将来,待之若何?"

　　曰:"先夺其所爱②,则听矣。"

　　兵之情主速,乘人之不及,由不虞之道,攻其所不戒也。

　　凡为客之道,深入则专③,主人不克;掠于饶野,三军足食;谨养而勿劳,并气积力,运兵计谋,为不可测。投之无所往,死且不北。死焉不得,士人尽力。兵士甚陷则不惧,无所往则固;深入则拘,不得已则斗。

　　是故其兵不修而戒,不求而得,不约而亲,不令而信。禁祥去疑④,至死无所之。

　　吾士无余财,非恶货也;无余命,非恶寿也。

　　令发之日,士卒坐者涕沾襟,偃卧者涕交颐。投之无所往者,诸、刿之勇也。

【译文】

试问："敌人阵势严整、大军压境，应当选用怎样的办法去对付他们呢？"

回答："先攻击夺取敌人最为倚重或珍视的要害，这样就可以使他们不得不听从我们的调遣。"

用兵之理，贵在神速，乘敌人措手不及之时，迅速穿越他们未曾预料的道路，直接攻击他们没有设防的战略要地。

在敌国境内作战的原则是：深入敌国的腹地，我军的军心就会坚固，敌人就不易战胜我军；在敌国富饶的地域掠取粮草，全军上下的给养就有了足够的保障；要悉心地休整部队，不要使其过于疲劳，保存并集中士气、积蓄战斗力量，要用计谋去部署兵力，使敌人无法判断我军的真实意图。将部队置于无路可退的绝境，士卒就会宁死而不屈。既然连死都不怕，必然能够拼命作战。士卒深陷危险境地时心中已不再恐惧了，在没有退路的情况下，就能团结稳定；深入敌后，将士就能凝聚志气，在不得已的情况下，部队将充满斗志而投入殊死战斗。

因此，这样的军队不需整饬就能注意戒备，不用强求就能完成任务，无须约束就能团结和谐，不必申令就会遵守纪律。禁止占卜迷信，去除蛊惑人心的危言，士卒们将至死都不会退缩。

我军的士卒没有多余的钱财，并不是他们厌恶钱财；他们将生死置之度外，也并不表示他们厌世求死。

在接到出征决战的命令时，坐着的士兵泪沾衣襟，躺着的士卒泪流满面。尽管如此，一旦将士卒置身于无路可走的绝境，他们就会表现出像专诸、曹刿一样的勇敢。

【注评】

② 先夺其所爱。

孙武关于"先夺其爱"的战术思想,则是"打蛇七寸"的又一高招。所谓"爱",指的是敌方的要害、关键、要塞或重镇。张预注:"敌所爱者,便地与粮食耳;我先夺之,则无不从我之计。"可见,在中国古代往往将军粮视为与所占之领地一样重要,恰如蛇的"七寸"。

"打蛇七寸"的目的,一是为了分割敌人阵营,各个击破;二是力图使敌人不得不听从我们的摆布。前者也许是为了歼灭敌人,而后者则是为了使敌人投降,这是孙武"全胜"思想的具体体现和战术保证。如果敌人在我们的逼迫下不得不全体投降,实际上很少有伤亡,甚至没有伤亡,这是孙武"仁战"思想的又一体现。

所谓"仁战",是通过"全胜"等形式来进行的。夺其所爱,必致其内乱,敌人将不攻自破。当然,流行的"绑架"做法,也是这种思想的负面使用,除非万不得已,实不足取。

要想"先夺其所爱",就必须采用"乘人不及"或"兵情主速",这些都是"兵贵神速"思想的具体运用。它们的特点在于:并不主张提前正面地向敌人发动进攻,而是通过"乘人之不及,由不虞之道,攻其所不戒"的方式"先夺敌人的所爱"。这样的神速,体现出一种"巧"的特点。与之相比,提前在敌人做准备之前发动进攻,也只是打了个时间差,并没有这种"巧"的特点。

③ 为客之道,深入则专。

现在让我们来考察何为"为客之道"。我方领土为主,敌土为客。所谓"为客之道",指在敌国土地上作战的规律。

我军一旦"为客",必然是入侵敌国的领土。不论是否为正义之战,战场必在敌国境内。因此,我军必然面临地形不熟、民风不通、供给不及、士气不聚,甚至理屈的情况。这些都是不利于打仗的因素。

中国古代的战斗,常常是以占领敌国领土、兼并邻国以扩大自己的疆界、使诸侯国称臣为目的的。常常也为讨伐叛逆的诸侯国而出征战斗。现在形势下,这种战争的可能性已经很小了。

"专"字,可以理解为专一、专心、专致。这种"专"并不是一蹴而就的,它需要"渐进"。在军事行动中表现为"步步为营",俗称"蚕食"。"蚕食"的具体步骤是"掠于饶野""谨养而勿劳""并气积力"等,占敌地为我营。

当然,敌方是十分警戒并力加防范的,所以,这种"蚕食"又必须"乘隙""插足""握机",因为它的行为本身并非"理所当然"。

所谓"反客为主",必须在心态上有"成为主人"的决心。这种决心来自哪里?孙武的提示是"投之无所往","甚陷则不惧,无所往则固,深入则拘,不得已则斗"。

孙武的"九地"之计,可以给我们两方面的启发:

第一,如果有敌人进入我领土作战,可以以"九地"之计反其道而行之。也就是说,上述凡是提醒的"客之道",正是我们现在要加以破坏和打击的地方,孙武揭示了"客之军"的弱点所在。

第二,我军为了达到战略目的而必须借境歼敌时,也应当注意"九地"的特点。

④ 禁祥去疑。

孙武此言,仍然说的是"为客之道"。所谓"为客之道",旨在强调人可以创造心境、创造治军的环境,可以因地制人、因地制宜。那么,"禁祥去疑"则是针对如何面对险况绝境而使军队产生凝聚力。

人是一种性情动物,有着十分充沛的情感和依恋之心。在中国古代,人们除了对亲人的怀念、对生命的渴望、对财富的追求,在战火纷飞的大战场,士卒们还十分迷信神怪之力和占卜的预兆,这对军队士气的影响是很大的。中国古代，多次农民起义都常利用了占卜这种迷信的手段，比如陈胜吴广起义、黄巾起义、太平天国起义等。在这里，孙武认为：要去除那些使士卒产生怀疑、恐惧、分裂、不安的危言，根本的手段只能是根除军中流行的吉凶占卜术。

然而，在《孙子兵法》的《用间篇》中，孙武却提出可以运用"使间"的方式，让敌军内部产生怀疑、恐惧、分裂和不安。那么，是否可以由我军派出的内间将上述占卜术有意地引到敌人的队伍中去，以达到分裂敌军的目的。

在中国古代，兵家打仗之前无不占卜测卦。当然，这往往只是在上级军官尤其是在将帅之中进行的。孙武说：一旦"禁祥除惑"之后，士兵将会"至死无所之"，其中也隐含了一种让士兵去绝对服从或盲从的用意。士卒们在打消幻想和精神寄托之后，至死也不可能知道自己为何牺牲。我们认为，这才是孙武"至死无所之"的真实含义。当然，这对于正义之师是大可不必的。如果是不义之师，其险恶用意也必将如同司马昭之心昭然若揭。

古往今来，小人爱财，君子也爱财；君子惜命，小人也惜命。士卒若具有专诸和曹刿那样的勇敢无畏精神，必然是由于信念和使命感。

◁ 戚继光鸳鸯阵

【原文】

故善用兵者，譬如率然⑤。率然者，常山之蛇也。击其首则尾至，击其尾则首至，击其中则首尾俱至。

敢问："兵可使如率然乎？"曰："可。"

夫吴人与越人相恶也，当其同舟而济遇风，其相救也如左右手。

是故方马埋轮，未足恃也；齐勇若一，政之道也；刚柔皆得，地之理也。故善用兵者，携手若使一人，不得已也。

将军之事，静以幽，正以治。能愚士卒之耳目，使之无知⑥；易其事，革其谋，使人无识；易其居，迂其途，使人不得虑。

帅与之期，如登高而去其梯。帅与之深入诸侯之地，而发其机。

【译文】

善于指挥打仗的人，指挥的部队如同一种叫"率然"的蛇。"率然"是五岳之一恒山中的一种蛇。攻击它的头部，尾巴就来救应；攻击它的尾巴，头就来救应；攻击它的腰身，它的头和尾都会来救应。

试问："可以使军队像'率然'一样么?"回答："可以。"

虽然吴国人与越国人一直在相互仇视敌对，但是，当他们共乘一条渡船在河中心遇到大风时，依然能够相互援救，配合默契得如同一个人的左右手。

所以，仅仅采用将马车缚成方阵、深埋车轮显示死战决心的办法来稳定部队，那是靠不住的；要使部队能够齐心协力奋勇作战如同一人，关键在于将领对下属的教育有方；要使意志坚强与意志薄弱的士兵都能发挥作用，根本原因在于让他们充分利用合适的地形。所以，善于用兵的人，能使全军上下携手团结如同一个人，这是客观形势所迫而部队不得不如此啊！

将军的风范是，以自己的幽深莫测来使部队保持沉着冷静，以严明的军纪使部队正气凛然。蒙蔽士兵的耳目，使他们不知道自己的真实意图；改变行动的方向，变化军事部署，使人们无法明察；变更自己的居所，故意迂回前进，使人无法推测我军的真实目标。

将领下达作战命令后，如同登上高台而抽掉梯子一样，部队就只能前进而无法后退。将领率兵进入敌国的领土作战，如同由弩机发出的箭一样一往无前。

【注评】

⑤ 善用兵者,譬如率然。

所谓"率然",是指传说中生活在常山上的一种蛇。常山就是指五岳之中的北岳恒山,位于今山西浑源南,西汉时曾经为了避讳汉文帝刘恒的"恒"字,改称"常山"。在本篇中,张预曾经注释道:"率,犹速也;击之则速然相应。"从字面上看,所谓"率然",就是要求军队能够像常山之蛇那样灵活,在战斗中能够首尾呼应,前后支援。

实际上,孙子在这里提出一个关于"军队团结"的深刻问题,其目的是"若使一人"。他所希望达到的效果,是军队的行动能够"譬如率然"。他采用的方法,是"政之道"与"地之理"相结合。

孙武选用吴、越两国百姓携手渡舟作为极端例子,道出了军队团结的根本动力往往也是因为"不得已"。也就是说,大家在共同面对危险时刻时,必然将各自的想法和互相的恩怨放在次要位置,共渡危难才是头等重要的事。

也许,孙武想说明仇如吴、越都能共渡风浪,同国人尤其是同一支军队的士卒在面临危难时怎么能不团结如一人呢?人多力量大,众人抬柴火焰高,这已经成为常理。"不得已"被敌所逼之下,团结才有力量,自然也是为人所知的。

以现代立场和观念审视所谓"率然",统一战线、政治联盟、经济共同体、多兵种作战、企业生产与市场等之间的复杂关系,无不构成一种类似"率然"的有机结构,甚至在艺术作品的创作过程中,在产品销售与服务的有机结合中,在各类体育比赛等合作项目中,也必然遇到所谓"率然"的具体要求。

读者可以进一步思考的是:"率然"所表达的意蕴是什么?"率然"的具体形象和现代形式是什么?我们的体会是:"率然"就是一种军队内在的活力,表现形式为"统一性、协调性、合理性和均衡性"。

如果反向思维一下,就明显可见,孙武也同时提出了一种打乱敌军阵营正常作战秩序和布防的方策,其实就是所谓"率然"之策的反用。它的关键之处在于:要能够或善于发现我方施策的切入点。比如敌人前后方的衔接处、主力部队与先遣部队之间的联系、官兵之间的相互信任等。

俗话说:"打蛇要打七寸。"能否量准"七寸"与如何打准"七寸",这是指挥员(即将领)的过硬本领。孙武的上述思想对现代经济与政治环境中个人和集团的发展,尤其在与对手的竞争中仍有非常实用的参考价值。

不论是怎样性质的"战争",首先要善于发现对方的弱点,然后才谈得上有的放矢,最后才能决定对我方有利还是不利,以至于决定出击还是停止行动。这也是盟军之间相互结盟的基本条件和前提。孙武兵法思想之中,这类问题的逻辑关系是十分清楚的,这也是《孙子兵法》的一大特色。

⑥ **将军之事,静以幽,正以治。能愚士卒之耳目,使之无知。**

俗话说:"不想当将军的士兵不是一个好士兵。"然而,真正让每个士兵都争做将军,反而会变成坏事。因为如果这样,谁来打仗、谁来指挥? 部队将不能统一步调。所以,孙武在此宣传一种与老子思想相似的"无为而治"的治军思想。

将领心中必然大有所为,却要求下级必须表现出一种"无为"的状态,这就是"静以幽"。很明显,孙武的整段言论中都洋溢着"无为而无所不为"的思想特点,这又是对前几篇中"愚兵"思想的进一步深化。

孙子曾经强调通过制度化的"禁祥去疑"使士卒不抱任何其他的精神寄托和期望。在这里,他却是推荐了一种将领"故作神秘"

的手法,其义何在呢?

中国传统儒家推行"劳心者治人,劳力者治于人"的社会原则,但同时也揭示出要想"治人"必须"劳心"这样一种社会发展的普遍规律。应当说,儒家是鼓励人们去劳心、去学习的,从而实现"学而优则仕"及"修身、齐家、治国、平天下"的社会责任。这是有十分积极的意义。然而,孙武的"愚兵"政策正是为了防止士卒趋向"劳心"而渐渐丧失"劳力"的功能和力量。显然,将领为贵族,而士卒为奴隶,这是中国古代社会制度从奴隶制向封建制转变时必然反映出的历史痕迹。

孙武提出将"愚兵"作为将领们的一项重要工作,客观地反映了中国古代军队中将领与士卒之间存在的那种阶级区分极其深刻的矛盾。如今,人民军队是人民的子弟兵,官兵一致、上下一致的传统与"下级服从上级"这类铁的纪律并不发生矛盾。这是因为人民军队的各项纪律已经成为上下官兵的共识,而不是上级对下级的规定,将军同样也必须服从这样的纪律。这是与孙武时代军队将—兵地位关系的明显区别之一。

在三国时期,魏丞相曹操曾经因为马踏青苗而"割发代刑",尽管其中充满着统兵的狡诈心理,但在强调军纪平等方面也多少算是一种进步。

因此,我们认为,在任何一种形式的战斗集体中,都存在着"将—兵关系"。严峻的商业竞争之中,一个企业的良好队伍结构和领导者的风范,也许就是促使企业取得成功的重要因素。

◁架佛狼机式

【原文】

焚舟破釜,若驱群羊,驱而往,驱而来,莫知所之。聚三军之众,投之于险,此谓将军之事也。

九地之变,屈伸之利,人情之理,不可不察。

凡为客之道,深则专,浅则散。

去国越境而师者,绝地也;四达者,衢地也;入深者,重地也;入浅者,轻地也;背固前隘者,围地也;无所往者,死地也。

是故散地,吾将一其志;轻地,吾将使之属;争地,吾将趋其后;交地,吾将谨其守;衢地,吾将固其结;重地,吾将继其食;圮地,吾将进其途;围地,吾将塞其阙;死地,吾将示之以不活。

故兵之情,围则御,不得已则斗,过则从。

是故不知诸侯之谋者,不能预交;不知山林、险阻、沮泽之形者,不能行军;不用乡导者,不能得地利。

四五者,不知一,非霸王之兵也。

【译文】

烧毁乘坐的船只，打破煮饭的铁锅，部队如同被驱赶的羊群，赶过来又赶过去，而不让士卒明白他们终于要到达的目的地。将全军集结一起，让他们投身于险恶的环境之中，这是将军要做的事情。

九种地形的应变处理，攻防进退的利害得失，全军上下的心理状态，这都是将军应当明察的。

在敌国境内打仗的常规是：进入敌国国境越深，军心就会越巩固；进入敌国国境越浅，军心就越容易涣散。

离开本土越入敌境作战的地区叫作绝地；四通八达的地区叫作衢地；敌境纵深的地区叫作重地；进入敌境较浅的地区叫作轻地；背有险阻又面对隘路的地区叫作围地；无路可走的地区叫作死地。

因此，处于散地，要统一军队的意志；处于轻地，要使营阵紧密相连；处于争地，要迅速抄到敌人的后方；处于交地，要谨慎防守；处于衢地，要巩固与各诸侯的结盟；处于重地，要确保军粮的供应；处于圮地，要迅速地通过；处于围地，要及时堵住缺口；处于死地，要显示出殊死奋战的决心。

所以，士卒作战时的心情是，陷入包围就会竭力抵抗，形势逼迫就会拼死战斗，身处绝境就会听从指挥。

因此，如果不知道诸侯国的战略意图，就必须暂缓与他们预先结交；不熟悉山林、险阻、沼泽等地形情况，就要暂缓行军；不使用当地的向导，就无法获得有利的地形。

这些情况乃属"四地"和"五地"，哪怕有一种尚不了解，都不能称为"霸王之兵"。

◁ 韩信拜将

【原文】

夫霸王之兵⑦，伐大国，则其众不得聚；威加于敌，则其交不得合。

是故不争天下之交，不养天下之权，信己之私，威加于敌，故其城可拔，其国可隳。

施无法之赏，悬无政之令，犯三军之众，若使一人。犯之以事，勿告以言；犯之以利，勿告以害。投之亡地然后存，陷之死地然后生。夫众陷于害，然后能为胜败。

故为兵之事，在于顺详敌之意，并敌一向，千里杀将，此谓巧能成事者也。

是故政举之日，夷关折符，无通其使；厉于廊庙之上，以诛其事。敌人开阖，必亟入之。先其所爱，微与之期。践墨随敌⑧，以决战事。是故始如处女，敌人开户；后如脱兔⑨，敌不及拒。

【译文】

凡是能称"霸王之兵"的军队,进攻兵力强大的敌国时,总是使敌国来不及动员集中兵力。将兵威施加在敌人头上,能够使敌人的盟国来不及支援。

因此,没有必要争着同天下的诸侯结交,也用不着在各诸侯国里培养自己的势力。只要施展自己的战略意图,将兵威施加于敌国,就可以拔取敌人的城池,毁坏敌人的国都。

在自己的军队中,施行超越惯例的奖励,颁布不拘常规的号令,指挥全军就能如同使唤一个人。布置战斗任务时,要隐瞒真实的意图;对士卒只能说明有利条件,而不指出危险的因素。在不经意和没有预兆的前提下,将士卒投入危地,才能转危为安。使士卒陷入绝望之地,才能让他们死战然后复生。整个军队处在不利的境地,然后才能取得最终的胜利。

所以,用兵的基本规律是:顺着敌人希望的结果佯装败退或趋向绝地,然后集中所有兵力,全力攻击敌人的薄弱环节,这样即使千里奔袭也有擒杀敌人将领的把握。这就是巧妙用兵而终于实现克敌制胜的做法。

因此,在决定战略决策的时候,要封锁关口,取消通行凭证,不允许敌国使者来往;要在庙堂里反复秘密谋划,然后做出战略决策。一旦敌人露出破绽,我军就要迅速行动乘机而入。抢先夺取敌人的战略要地,但不要轻易地与敌人约定决战的期限。要以敌人的行动方向为参照,从而制定自己的作战原则。因此,在战斗打响之前,要像处女那样含而不露,诱使敌军松懈而露出破绽;打击敌人时,要像受惊的兔子一般迅速,使敌人措手不及而无从抵抗。

【注评】

⑦ 霸王之兵。

"王兵"与"霸兵"之间存在着比较明显的区别。王道主要以仁政治国,以正义发兵,以道义结盟。而霸道几乎依赖自己的军事力量和经济力量去打击或威慑邻国。

春秋战国时期,诸侯争战频繁,胜者为王,败者为寇。霸王之兵视一切诸侯为征服的对象。所以,孙武认为,只要自己的兵力强盛,就没有必要与他们结盟。用现代观点表述这个道理就是:霸权主义推行的就是一种霸兵政策,在外交上表现为所谓的"单边主义",即单方面地在全球推行自己的战略思想及进行军事部署,强调威慑力量大于结盟的力量。

孙武的"霸兵"思想又是一大特色。它对我们处理人际关系似乎也有启发。在市场经济的运作之中,唯有以第一的产品质量和服务质量使自己成为不可多得的、用户首选的对象,这也是一种特殊意义的"霸兵"气质。与其花费许多的人力物力去做广告开拓市场及结交人际关系,还不如集中人力物力去主攻产品质量和售后服务。

培养王者风范,目的是带动某一个行业或产品的共同发展,使自己成为领路人,这是一种价值取向。然而,我们认为,就产品而言,首先必须"称霸",然后才有能力和有资格"称王",其他的追随者才能真正地服气。所以,治理社会需要"王者风范",振兴经济和发展产品则需要"霸者豪气",这也许是两种明智的选择。

在这里,我们还有必要强调一下孙武在治军中提倡的所谓"霸气"。他认为,对士卒的关怀必须放在和平时期的军事训练之中。但在战场上,尤其在激战中,必须施加以"霸气"。这表现为前面所说的"愚兵"方案和本篇提出的通过"施无法之赏,悬无政之令"的手段,投士卒于亡地而后存、陷死地而后生。在具体操作上,也贯彻了"惟上智下愚不移"的中国传统儒家的价值观,即表现为"犯之以事,勿告以言;犯之以利,勿告以害"。

当然,孙武十分关注士卒的心理状态。因为在战争中,士卒对死亡的恐惧往往会产生两种后果:要么是惧争退缩,军心涣散;要么是众志成城,殊死求生,破釜沉舟。孙武的想法是积极的,趋向第二个结果。

可以借鉴的是,使自己的部属明白"不在其位不谋其政"的积极意义,也就是如今人们所说的那种脚踏实地做好本职工作。只要各称其职和各尽其责,才能使一支队伍统一协调而充满战斗力,才能真正实现"称霸"的目的。

我们所推崇的所谓"称霸",既不是个人主义或单边主义的霸权,也不是最终的目标。如何在"称霸"之后顺利地转变为"称王",这的确是一门深奥的学问。不能"称霸"的组织,其能够"称王"也是一句空话。以理服人并不能担纲军事领袖,以力服人也不能完全使人心服口服。

⑧ 践墨随敌。

这里的"墨"是指原则。"践墨随敌"就是根据敌人的动态来决定我们的战术方策。

孙武的"践墨随敌"思想也是相当重要的,而且对现代生活也有许多启发意义。在任何形式的对敌斗争之中,"闭门造车"式的谋划必将导致最终的失败。谋划时需要"闭门",但并非凭空杜撰战略方策,战争时对情报的量与质都必须有充分而准确的把握。

我们说,为人处世要襟怀坦白,不能阳奉阴违、笑里藏刀或者故作矜持、忸怩作态,使人无法与之交流与合作。但是,在对敌斗争及与对手的交锋之中,声东击西、暗度陈仓、笑里藏刀、欲擒故纵、浑水摸鱼、远交近伐乃至金蝉脱壳、走为上等计策,都可以因时、因势、因人、因地而用,仍不为过。

为人处世的基础,是相处双方存在着共同的利益。而敌对双方斗智斗勇的前提,却是力图占有对方既得利益,至少是因为双方不容对方占有一点利益,所以根本不存在利益共享的基础。显然,上述两种关系还是有所区别的。

⑨ 后如脱兔。

孙武提出所谓"谋策、出击和撤退"这样一个三步曲的战术要求,其特点是一个"密"字。运筹帷幄要"密",出击要"密",撤退也要"密"。孙武对部队作战时的机动性也提出了较高的要求。显然,在这里孙子所描述的对象,并不是兵力上占压倒优势的"霸兵",而是一种势均力敌甚至以小击大、以弱击强的兵法。这段文字之所以放在《九地》篇来进行讨论,并作为本篇的结尾,其实是希望对"九地"之策能够有一个综合的运用。

为人处世有时也有必要讲究"弱处",这是一种"谦虚相让"的道德观,是一种美德和王者风范,是一种真心相让,这种行为所获得的回报往往是无形而又长久的。由于共同奋斗的群体在相互谦让的基础上能够结合成合力倍增的"共同体",所以,它能够依靠这种特有的合力,去克服任何一方在孤立状态下所无法克服的困难。

然而,在战争中,不能寄任何希望于对手,而最多只能留心对手所留下的"间隙"与"破绽"。也就是说,对手能够在大意中留下给我方进攻取胜的破绽,这已经是对我方最好的"帮助"了。

孙武的思路,首先是"诱敌露隙",然后迅速地"乘隙而入",最后"击罢速撤"。这个三步曲应当一气呵成,连续有力。这里包含了十分扎实的基本功。

试想,一旦有机会却不具备迅速出击或击罢速撤的能力,则整个行动仍不算成功,甚至会招致失败。如果连敌方的破绽都发现不了,就更谈不上引诱敌方"露隙"了,这样如何去发动有力的攻击呢?可见,战争及"商业竞争"或"论战"等,其中深藏着大学问啊!

【精彩案例】

围地则谋,死地则战。

秦朝末年,秦大将章邯统率大军击败了陈胜、吴广起义军,又渡黄河攻赵国,将赵王歇包围在巨鹿(今河北平乡西南)。赵王歇慌忙向楚国求援,楚怀王派宋义为上将军、项羽为次将、范增为末将,率大军援救赵国。

宋义知道章邯是骁勇善战的老将,所以不敢与章邯交战。援军到达安阳(今河南安阳西南)后,宋义按兵不动,一住一个半月。项羽对宋义说,救兵如救火,再不出兵赵国就灭亡了。宋义对项羽说:"冲锋陷阵我不如你,运筹帷幄你就不如我了。"并传下命令,如有轻举妄动一律斩首。项羽忍无可忍,拔剑斩杀了宋义,自己代理上将军并命令黥布和蒲将军率两万人马渡漳河救赵国。

黥布和蒲将军成功截断了秦军粮道,却无力破解章邯的巨鹿之围。赵王歇再次派人求救,项羽亲自率领全军渡过漳河到达北岸后,项羽下令将渡船全部凿沉,将饭锅全部打碎,将营房全部烧掉,每人只带三天干粮。将士惧怕项羽威严,谁也不敢多问。项羽对将士说,此次进军,只能前进不能后退,后退只有死路。因此,人人抱着死战的决心与秦军拼杀。结果,楚军以一当十,九战九捷,章邯部将苏甬被杀,王离被俘,涉间自焚而亡,章邯狼狈逃走,巨鹿之围迅速化解。

巨鹿之战打出了楚军威风。从此,项羽步步上升,最终成为名扬天下的西楚霸王。

兵之情主速,乘人之不及,由不虞之道,攻其所不戒也。

公元前 580 年,晋厉公与秦桓公签订结盟书,墨迹未干,秦军便背弃誓言向晋国发起攻击。晋厉公认为秦军无德无义,便宣布与秦绝交并发表"伐秦宣言",联合宋、齐等八个盟国军队共同伐秦。

战前,晋厉公与诸将、谋臣一致认为:晋国虽能联合八个盟国出兵,但这种联合是松散、暂时的。楚国与秦国原本就是盟友,很可能会出兵帮助秦国,但它的主要兵力现在还在帮助吴国。鉴于这种情况,战争应速战速决、一举成功,以防夜长梦多。

这一年,晋厉公召集本国大军和盟军共十二万人直逼秦国边境,在泾水东岸的麻隧摆开阵势,准备乘秦军东渡泾水未稳之机,给秦军以毁灭性打击。

秦桓公见晋军逼近国境,急忙调集约七万余兵马东渡泾水。晋厉公见秦军陆续登岸后尚未布阵,正是实施打击的好时机,便立即擂响战鼓,晋军以排山倒海之势强攻秦军。秦军慌忙应战,乱作一团,短兵相接,即刻大败。秦军背靠泾水已无退路,败兵争先跳入泾水逃命却溺死无数。晋军以巨石击卵之势全部歼灭了泾水以东的秦军。此刻,秦国的盟军尚未来得及进入战场。晋、秦之间的麻隧之战,成为春秋战争史上双方投入兵力最多又是结束最快的一战。

投之无所往,死且不北。

公元前 204 年,汉王刘邦派大将韩信率数万人马攻打赵国。赵王歇和赵军统帅陈余率二十万兵马集结井陉口(今河北井陉山上井陉关)迎击韩信。

井陉口是韩信攻赵的必经之路。赵国谋士李左车向陈余献计:汉军一路势如破竹士气高涨,但长途跋涉粮草不足。井陉地势险要车马难行,汉军粮草必然落在后面。我愿意率三万兵马从小路截断他们的粮草,你们深挖沟、高筑垒,坚守营寨不与他们交战,让汉军前不能战,后不能退,不出十天就能活捉韩信。

陈余是个书呆子,认为自己兵力多韩信十倍,打韩信轻而易举,所以没有采纳李左车建议。韩信得知又惊又喜,便率兵在离井陉口三十里处下寨。

半夜,韩信命两千精兵各带一面红旗,迂回到赵军大营侧后方埋伏下来,又派一万人马作先头部队,背着绵曼水(流经井陉口东南)摆开阵势。陈余见韩信沿河布阵便放声大笑韩信徒有虚名,背水作战不留退路,这是找死。

天亮后,韩信命汉军主力高举汉军大旗号杀向井陉口,陈余出营迎战。双方厮杀多时,韩信佯作败退,命令士兵抛下旗鼓向河岸阵地退去。赵军不知是计,争先恐后跑出大营追杀韩信。这时,埋伏在赵营后面的汉军乘虚而入,将营内少许守敌杀光,拔掉赵军旗帜,换上了汉军红旗。

韩信率汉军退到河边阵地无路可退,于是掉转头来背水死战。赵军攻势很快被遏止。当赵军将士发现自己的大营已插满了汉军红旗时军心大乱斗志全无。韩信指挥汉军前后夹攻,赵军二十万大军顷刻灰飞烟灭,陈余被杀,赵王歇也成了汉军的俘虏。

齐勇若一,政之道也。

明朝嘉靖三十八年(1559),江浙沿海一带倭寇横行,戚继光奉命赴义乌、永康等地招募了四千多名新兵,组建了一支新军以抵抗倭寇。戚继光训练新兵,将实战杀敌作为最重要内容。他按士兵年龄大小、身材高矮、体质强弱授予不同兵器,让士兵身穿重甲、手握重器、脚裹沙袋,增强体力。

当时,倭寇集中在江浙沿海一带活动。戚继光根据江浙沿海的地形和倭寇作战特点,创制了鸳鸯阵法、两仪阵法、小三才阵法和大三才阵法。在这些阵法中,长短兵器结合变化无穷,杀敌效果很好。戚继光还制定了严格军纪,要求全军"冻死不拆屋,饿死不掳掠",违者严加惩处。对于那些作战勇敢、立有战功的将士,戚继光及时论功行赏,并且提拔到重要职位。

戚继光的"新军"组建不久,倭寇在浙江沿海台州一带骚扰,戚继光发兵围剿,九战九捷,倭寇逃离浙江转入东沿海。戚继光又乘胜追击,在福建沿海将几支强悍的倭寇部队全部剿灭。戚继光的大名已让海外倭寇闻风丧胆,再也不敢靠近中国沿海。后人亲切地称呼戚继光新军为"戚家军"。

火攻篇第十二

孙子曰：凡火攻有五：一曰火人，二曰火积，三曰火辎，四曰火库，五曰火队。

行火必有因，烟火必素具。发火有时，起火有日。时者，天之燥也；日者，月在箕、壁、翼、轸也，凡此四宿者，风起之日也。

凡火攻者，必因五火之变而应之。火发于内，则早应之于外。火发兵静者，待而勿攻，极其火力，可从而从之，不可从而止。火可发于外，无待于内，以时发之。火发上风，无攻下风。昼风久，夜风止。凡军必知有五火之变，以数守之。

【译文】

孙子说：火攻的形式共有五种：一是焚烧敌军人马，二是焚烧敌军粮草，三是焚烧敌军辎重，四是焚烧敌军仓库，五是焚烧敌军粮道。

实施火攻必须要有内应，火攻器材必须在平时准备好。放火要看准天时，起火要选好日子。所谓天时，是指气候要干燥；所谓日子，是指月亮运行经过箕、壁、翼、轸四个星宿的时候。凡是月亮行经这四个星宿的时候，就是起风的日子。

凡用火攻，必须根据五种火攻所引起的不同变化而分别对待应付。在敌营内部放火，就必须及时地派兵从外面策应。火已经燃起但敌营依然保持镇静，就应择机等待，不能立即发起进攻，等火势旺盛后，再根据具体情况决定，可以进攻就进攻，不可进攻就停止。火可以从外面燃烧，不必要等待有内应，只要条件许可就行。要在上风处烧火，不可以从下风处实施火攻。白天风刮得太久，夜晚就会停风。军队都必须掌握五种火攻的方法，灵活运用，等待放火的时日条件具备时再进行火攻。

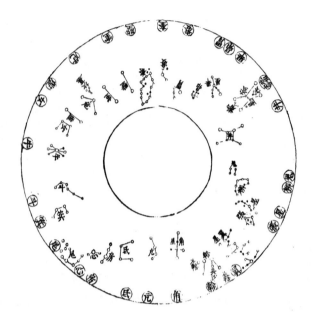

◁ 星宿图

【原文】

故以火佐攻者明，以水佐攻者强①。水可以绝，不可以夺②。

夫战胜攻取，而不修其功者，凶。命曰费留③。故曰：明主虑之，良将修之。非利不动，非得不用，非危不战。

主不可以怒而兴师，将不可以愠而致战④。合于利而动，不合于利而止。怒可以复喜，愠可以复悦；亡国不可以复存，死者不可以复生。故明君慎之，良将警之，此安国全军之道也。

【译文】

用火来辅助军队进攻，效果是十分明显的；以水来辅助军队进攻，则效果可以进一步增强。但是与火相比，水仅仅能够切断敌军的通道，但不能够夺取或摧毁敌人的储备。

凡是打了胜仗、攻克了城池，而不能及时论功行赏的，就必定会有祸患。这种情况叫作"费留"。所以说，明智的国君要慎重地考虑这件事，贤良的将领要及时地研究它。没有好处就不会有积极的行动，没有取胜的把握就不要用兵，不到危急关头不要开战。

国君不能因为自己一时的愤怒及感情用事而发兵，将领也不能因自己一时的怨怒而草率出阵求战及迎敌。符合国家利益就去征战，不符合国家利益就停止用兵。愤怒可以转化为欢喜，愤懑也可以转变为高兴；国家一旦灭亡了就不可能再复存，人死了也不能再复生。所以，对待战争，明智的国君应慎重，贤良的将领应有所警惕，这才是安定国家、保全军队的根本道理。

【注评】

① 故以火佐攻者明,以水佐攻者强。

火攻的目的有两个,一是直接摧毁敌人的人马、粮草、辎重和储备;二是引起敌军内部的惊慌和混乱。

中国传统兵法强调一种军事哲学思想,即或者以刚克柔,或者以柔克刚,但不主张以刚克刚,或以柔克柔。

按《周易》中的分类,火为阳,水为阴,这是一种依据中国传统哲学范畴的分类。在中国古代,特别是先秦时期,兵家大多主张阳元式的攻势,自然与传统儒家"君子自强不息"的精神相契合。而先秦时期以老子和庄子为代表的传统道家,十分注重"天下之至柔,驰骋天下之至坚"(《道德经》四十三章)。

可见,从前面篇章中反映出孙武提出"霸兵"思想,是一种阳刚的兵法,本篇又提出"水佐"的阴柔攻法,这说明孙武既主张刚又主张柔,在如何使用方面应当视使用的条件而分别选择。联系现代社会,在与对手的争斗之中,应当学会避开对手的强势强项,攻击敌人的弱处。有趣的是,火攻与水攻相结合,能够十分巧妙运用,不正如打好"太极拳"吗?

柔中有刚,刚不失柔,随机发力,顺势出击,真是妙不可言,功力神奇。

② 水可以绝,不可以夺。

俗话说"水火无情"。在战争中,水与火都是"无情的战法"。

与火相比,水仅仅能够切断敌军的通道,但不能够夺取或摧毁敌人的储备。所以,孙武是十分重视"火攻"的,以至于还特别地写了这篇《火攻篇》。

如果《九地篇》所述"九地"之策可谓是地利的话,那么"火攻"将属于天时。

中国古代战争十分讲究"三才俱备",天时、地利、人和互为辅佐,这是战争顺利的先决条件。所以,中国古代就有了占星术、风水术、占卜术和五行八卦理论与实践。占星术主要说的是天象学，本篇中所说的"箕、壁、翼、轸"就是分别指中国古代星宿的名称，是二十八宿中的四个。梅尧臣注："箕，龙尾也；壁，东壁也；翼、轸，鹑尾也。宿在者，谓月之所次也。四宿好风，月离必起。"可见，在中国古代，军队在出征之时要观天测象，尤其因为当时的火器水平远远不如今天，人们很难控制或充分发挥攻击的主动性，所以，在发动火攻时很大程度上将依赖风的方向、时机和强度。月亮抵达四宿之时必起大风，正是火攻的好时机。

此外，孙武启发我们的是：现代战争是各种科技与知识综合应用的充分体现。比如，火攻就体现了地理学、气象学、谍报学及工兵学等知识。如果将火攻的成功归为地利、对风力的运用归为天时，则发动火攻的人就应当被归为人和，那么，在火攻这个实际的战术运用中，不但要充分体现"三才俱备"，更要发挥人的关键及主导作用。

③ 命曰费留。

所谓"费留"，其中的"费"是指军费中用于奖励和赏赐的银两、经费，其中的"留"是指截留、留存、扣发。"费留"指的是为了节省军费而取消对有功士兵的奖励。

在本篇中，孙武说明了论功行赏的重要性。俗话说："重赏之下必有勇夫。"所谓重赏，有两种形式：一是战前悬赏，这样能激励勇敢者冲锋向前，完成十分艰巨的任务。二是战后行赏，奖励战斗之中的立功者。战后行赏必有第一次，如果第一次奖赏到位，实际上表明了将领是十分明智的，属下的功绩是可以被公认的，这为下一次战后奖励建立了信誉和"制度化"的规矩。这样的话，即使战前并没有宣布悬赏，但是士卒们也将心知肚明，仍然会表现勇猛，因为他们相信战后可以领赏获奖。在古代军事战争中，如果将领吝惜金钱，只要有一次没有奖励士卒，那么，下一次他就不可能调动士卒们的战斗热情。

当然,士卒们之所以参战,也并不完全是为了领得赏金,尤其在正义之战中,强烈的卫国豪情常常是激励士卒们英勇战斗的动力,他们所想最多的还是为国家和民族做出应有的奉献。

我们认为,虽然这是士卒们的高尚情怀,但是,如果站在将领的角度上考虑,一支军队还是应当立下一定的奖罚规矩。俗话说:"不以规矩,不成方圆。"即使现代战争中,论功行赏仍然不失为一项比较有效的治军措施。

我们注意到,任何人都会十分重视自己的荣誉,尤其在他做出突出贡献之后。所以,就论功行赏意义而言,应当是行赏在次、论功为主。所谓"论功",实际上是对一个人参加集体性活动中自身价值的基本肯定和充分评价。

我们认为,任何行赏都是有限的,如同"抛砖",由此所激发出的战斗力将是无限的,其意义和价值则如同"引玉"。那么,作为将领,如果能够"抛砖引玉",何乐不为呢?

④ 主不可以怒而兴师,将不可以愠而致战。

在"火攻篇"的结尾,孙武并没有提及有关"火攻"的任何字句,而是突出议论了君主或将领如何避免"心中怒火"导致发动错误战争的后果,又一次强调了"慎战"的主导思想。

本篇中的所谓"愠",是指君主心中的烦恼、怨愤、不满。"愠"的特点是藏在心中,往往对君主称"怒",对将军称"愠"。正如张预所注的那样:"怒大于愠,故以主言之;愠小于怒,故以将言之。君则可以兴兵,将则止可言战。"可见,在中国古代军队,将军只能服从君王命令,并没有决定是否发兵开战的权力。

所以,孙子的"慎战"主张,主要还是对君王说的。这也许是因为当时孙子写《孙子兵法》是为了献给吴王吧。

孙武提及君王意志必须与战争的客观要求及其规律相统一,战争是以国家利益为根本依据的,任何个人的感情绝不能成为发动战争的因素。希特勒曾经因为强烈的反犹太情结而发动了第二次世界大战，终以失败而告终。这就是我们常说"得道多助，失道寡助"的道理。

也许，国君和将领心头燃烧的怒火也必须选择适当的"气候"烧向敌人，而不能随意发动这种"火攻"，如果感情用事，如同在下风烧火，很有可能烧及自己。

【精彩案例】

水可以绝，不可以夺。

晋国是战国初期的大国，但掌握国家大权的并非晋王，而是智伯、赵襄子、魏桓子和韩康子这四个人，其中智伯势力最大。但智伯并不满足，他时刻想灭掉赵、魏、韩以独霸晋国。

公元前455年，智伯以晋王名义要求赵、魏、韩三家各拿出百里土地和佃户户口送归晋王。表面上为晋国，实际上为了削弱赵、魏、韩三家势力。平日惧怕智伯的魏桓子和韩康子，只好忍痛交出土地和户口，赵襄子却一口回绝，称祖先传下来的这片土地不能随便赠送。智伯听说后大怒，便召集魏桓子和韩康子来到自己府中，说赵襄子违抗国君命令不可不伐，约定灭掉赵襄子后，三家平分赵襄子的土地和户口。

魏桓子和韩康子不敢不听智伯的话，又见可以分得好处，便各自率领一队人马随智伯去攻打赵襄子。赵襄子明白自己不敌智、魏、韩三家联手，便退到先主赵简子的封地晋阳（今山西太原西南），依靠坚固的城墙、丰足的粮食和百姓的拥戴，以守为攻。后来，智伯指挥智、魏、韩三家人马把晋阳城围得水泄不通，赵襄子坚决抵抗，战斗一直打了两年多，智伯依然没能攻破晋阳城门。智伯发动战争劳民伤财，担心日久人心变，所以想方设法尽快结束战争。

一天，智伯望见晋水远道而来绕晋城而去，深受启发。他命令士兵在晋水上游筑起巨大的蓄水池，再挖一条河通向晋阳城，又在自己部队营地外筑起拦水坝,以防水淹晋阳城时也淹了自己的人马。蓄水池筑好,雨季又来。智伯待蓄水池蓄满水后命人挖开堤坝,汹涌的大水即沿着河道直冲晋阳城。不一会,晋阳全城都泡在水中,全城军民有的爬上房顶,有的登上城墙。智伯得意忘形地笑道:"我今天才知道水可以用来灭亡别人的国家!"

此刻,赵襄子却让家臣张孟谈连夜出城,找到魏桓子和韩康子对他们说:"智伯今天用晋水灌晋阳,明天就会用汾水淹安邑(魏都)、用绛水淹平阳(韩都),我们为什么不联合起来消灭智伯,平分智伯的土地呢!"魏桓子和韩康子正在担心下一步自己会落得赵襄子一样的下场。于是,便和张孟谈合谋除掉智伯。

两天后的晚上,赵襄子与魏桓子、韩康子共同行动,杀掉守堤士兵,挖开护营堤坝,咆哮的晋水顿时涌入智伯营中。智伯从梦中惊醒,慌忙涉水逃命。这时,前有赵襄子,左有魏桓子,右有韩康子,最终智伯还是被他们杀死,智伯的军队也全部葬身大水之中。

智伯灭亡后,晋国大权旁落赵、魏、韩三家,于是有了后来的赵国、魏国和韩国。

主不可以怒而兴师,将不可以愠而致战。

222年初,为给败走麦城的关羽报仇,刘备不听诸葛亮和赵云的苦苦劝说,率水陆大军远征吴国。刘备一路胜利,挺进吴国境内数百里,在夷道(今湖北宜都)包围了东吴先锋孙桓。东吴主将陆逊并未派兵增援孙桓,而是认为孙桓能够守住夷道。他也没有迎击刘备,而是认为连克吴军后的蜀军士气正旺,吴军不宜出战。因此,蜀军与吴军都在原地,对峙长达六个月。时值盛夏烈日当空,蜀军水兵长时间待在船上酷热难耐,便一起离船上岸在夷陵一带的水溪旁安营避暑。见刘备的军营分布在茂密树林中,绵延百里,陆逊便制订了火攻破蜀计划。陆逊命水路士兵手持包裹着用硫磺、硝石等可燃物的茅草包运到树林地,命士兵进攻时放火。就这样,蜀军数十座军营自东向西连续起火,蜀军毫无防备乱作一团,几十座军营全被烧毁,陆逊乘机掩杀,蜀兵死伤无数。刘备在众将拼死保护下逃到夷陵马鞍山(湖北宜昌西北),陆逊随后追到,团团围住马鞍山,然后在山下放火烧山。刘备束手无策,只好杀出一条血路继续向西逃命,刘备因怒出兵大败而归,导致蜀国大伤元气。刘备逃到白帝城后又气又悔,不久一病而死。

用间篇第十三

【原文】

孙子曰：凡兴师十万，出征千里，百姓之费，公家之奉，日费千金；内外骚动，怠于道路，不得操事者，七十万家。

相守数年，以争一日之胜。而爱爵禄百金，不知敌之情者，不仁之至也。非人之将也，非主之佐也，非胜之主也。

故明君贤将，所以动而胜人，成功出于众者，先知也。

先知者，不可取于鬼神，不可象于事，不可验于度，必取于人，知敌之情者也①。

故用间有五：有因间，有内间，有反间，有死间，有生间。

五间俱起，莫知其道，是谓神纪，人君之宝也②。

因间者，因其乡人而用之。内间者，因其官人而用之。反间者，因其敌间而用之。死间者，为诳事于外，令吾间知之，而传于敌间也。生间者，反报也③。

故三军之事，莫亲于间，赏莫厚于间，事莫密于间。

【译文】

孙子说：凡是兴兵十万，征战千里，百姓的耗费、国库的开支，每天都要花费千金；前后方、国内外都动乱不安，农夫疲惫地在路上奔波运粮，不能正常地从事耕作生产，这样的农户多达七十万户。

与敌国对峙多年，就是为了一旦时机成熟而决战取胜。如果吝惜爵禄和金钱而不肯重用间谍，以至于对敌情不甚了解而导致失败，那就是不仁慈到了极点。这种人不配做军队的将领，不配做国君的辅臣，不可能成为胜利者。

所以，英明的君主和贤良的将帅，之所以能够一出兵就夺取胜利战胜敌人，功业战绩超过普通人，就是因为他们能够事先得知敌人的情况。

要事先了解敌情，不可用求神占卜的方式，也不可拿相似的事情作类比推测，也不可用日月星辰运行的位置去验证。一定要取之于人，从那些熟悉敌情的人的口中去获取。

使用间谍的方式有五种：因间、内间、反间、死间、生间。

这五种间谍同时使用起来，使敌人无从捉摸我方用间的规律，这可以说是神秘莫测的办法，也自然成为国君的至宝。

所谓因间，是利用敌国本土的人充当间谍。所谓内间，是利用敌方的官吏作为间谍。所谓反间，是策反敌人在我方安插的间谍而为我所用。所谓死间，是通过故意制造并散布一些虚假的情报，同时通过我方在敌国的间谍传向敌国，诱使敌国上当受骗。所谓生间，就是经常在敌我之间巧借各种方法不断来往而通知情报的人。

所以在全军之中，没有比间谍更值得亲信的人，所奉奖励没有比给间谍更多的，没有什么事情比间谍所承担的使命更为秘密的。

【注评】

① 先知者,不可取于鬼神,不可象于事,不可验于度,必取于人,知敌之情者也。

在前面的《谋攻篇》,孙武提出了"知彼知己,百战不殆"的重要思想。"知己"的实现,必须通过将帅对自己部队的深入了解、平时的严格训练及"仁爱"施治。

在本篇中,孙子强调了"知彼"的重要性及其主要的方法。他认为:"知彼"主要依靠用间谍,尤其在古代缺乏先进科技装备的条件下,任何信息的传播和传递主要要依靠人,也就是所谓"先知者"。

如何减少战争中对百姓利益的损伤或牵连,同时又最大效益地打击和战胜敌军,是将领们普遍面对的问题。孙武认为,解决这个问题的一种出路,在于运用一种特殊身份者的特殊作用,就是所谓"间谍"的"内应"作用。

《火攻篇》已经提前指出了"内应"的作用,这是在"火攻"战术局部问题上的体现。本篇开篇,提出了一个从战略部署和作战总体方案上对间谍内应作用的依赖关系,这是一个全局观的体现。

孙武的战争思想是倾向于唯物论的,他提出"象于事,验于度"的侦察原则。所谓"象于事",其"象"指类比、比拟;其"事"是指敌情。张预注释道:"不可以事之相类者拟象而求。"所谓"验于度",其"验"指应验、验证;其"度"指度数,即日月星辰运行的度数(位置)。李筌注释道:"夫长短阔狭,远近小大,即可验之于度数;人之情伪,度不能知也。"

在了解敌情方面,孙武也是主张无神论。梅尧臣的注释中曾提道:"鬼神之情,可以卜筮知;形气之物,可以象类求;天地之理,可以度数验;唯敌之情,必由间者而后知也。"

可见,孙武注意到战争之中往往流行一种弊端,这就是以各种战例作为所谓"样板"的经验主义错误。

各种战争条件各殊,天时、地利、人和"三才"条件配比不一,绝不能采用"拿来主义"。所以,如何在坚持唯物论的前提下防止犯经验论的错误,孙武不仅有所意识,而且提出了"用间"这种解决方案,值得兵家与后人在政治与商业领域中的对抗性斗争中引用和警戒。

此外,孙武还在这里归纳了"仁战"思想的出发点。它就是,战争的残酷性不仅反映在战争将导致大量的人员伤亡和财力耗散,更主要的表现为举国经济为之滑坡,百姓疲于为战争服务,农田建设和粮食收成将受到极大的影响。尤其在中国古代农耕经济社会,久战必致国衰,其结果是敌人乘机而入,导致亡国。

本篇中,所谓"内外",一指前方与后方,一指国内与国外。所谓"内外骚动",就是指举国上下以及同盟国之间惊乱不安。所谓"七十万家",曹操注释道:"古者八家为邻,一家从军,七家奉之。言十万之师举,不事耕稼者七十万家。"这都表明了战事耗费巨大。

所以,孙武从节约国家的人力和财力方面,提出了"仁战"的一个具体措施,即一旦出战,就必须"争一日之胜",这也就是速战速决。

如何才能速战速决,"用间"又是至关重要的。从古至今,要取得战争的最终胜利,军事情报的信息量和准确性一直是非常重要的。若想有的放矢和稳、准、狠地打击敌人,就不得不以"内间"提供的情报作为最主要的参考。

由此看来,"用间"不仅关系到一场战斗的胜负,而且更加关系到如何避免举国百姓深陷战火、民乱国衰。

② 五间俱起,莫知其道,是谓神纪,人君之宝也。

在中国古代,"先知"敌国军情的方法,也许当首推"用间"。孙武在这里提出或归纳的"五间"大类,实际上是对春秋战国时期交战国之间普遍"用间"方式的小结。

如何激发士卒高昂的斗志,已是一门很深的学问。但是,因为士卒们不是独自一个人面对敌人，而且依靠集体的力量，所以，相对而言，建立勇气和决心是比较容易的，但如何让一个人面对虎视眈眈的敌群，而且身处敌境，如同羊入狼群而不被发觉，这是一门更深的学问。

对待孙武归纳的五类可以充当间谍的人，想让他们为我所用的第一步，即所谓物色或选拔人才，应当慎之又慎，但又必须当机立断。下一步考虑如何使其为我所用，则应当根据"五间"各个不同的生存环境、个人志向、人格趣向、心理状态、工作经验、客观要求、实际作用以及策动难易去做出适当的方案。周密精巧才能出奇制胜。

在不胜枚举的古代案例中，被用作间谍的人，并不都是为了高官厚禄。根据用间效果或目的的不同，可以将用间分为获取情报、挑拨离间和麻痹敌人这三大类。前两类的间谍人选可以用重金聘请，但第三种则需要极大的牺牲，他们充当间谍的代价恐怕要超出金钱。这种情况，主要还是依靠当事人的"仗义"去舍生取义。

所以，"用间"的第一个步骤，也是最重要的先决条件，就是必须深明大义，使充当间谍的人不以"小人""奸人"自卑，而能够以智勇双全、忍辱负重、身肩重任而自豪。有了这样的心态，间谍的积极性和主观能动性才能充分地发挥出来。

如"美人计"，著名案例有王允献貂蝉离间董卓和吕布、勾践献西施麻痹吴王等都是要付出代价的"用间"。又如"苦肉计"，这就是一种以牺牲自己的身体作为代价进行离间与取信的极端做法。"苦肉计"的特点就是"诳"，即欺骗或瞒惑。杜牧注："诳者，诈也。言吾间在敌，未知事情，我则诈立事迹，令吾间凭其诈迹，以输诚于敌，而得敌信也。"如《三国演义》中的"献密计黄盖受刑"的诈降之计。人往往是不相信另一个人可以自己伤害自己的，因此，即使一个人真的自残，敌人也会认为是为别人所伤。

在本篇中，孙武认为，不论敌我哪一方，间谍的方式和方法是因敌制宜的，所以变化无穷，可以称为"莫知其道"。所谓"莫知其道”，意指隐蔽五种间谍运作的方位、对象和规律。梅尧臣注："五间俱起以间敌，而莫知我用之之道，是曰神妙之纲纪，人君之所贵也。"因此，间谍们神妙莫测的方法就被称为"神纪"。

因此，我们在实际运用之中，不仅要善于"用间"，更须十分谨慎地"防间"。"防间"似乎要比"用间"更具难度，因为我明敌暗、暗箭四伏、防不胜防啊！

孙武所强调的，是间谍在军队中的重要而特殊的地位、待遇和危险程度。可以看出，间谍所处的地位、享受的待遇和面对的危险都可以用两个字概括，这就是"微妙"！

地位既高贵而又隐秘，待遇既丰厚而又必须以生命作为代价，危险四伏但极难防范。孙子认为必须"亲于间"。所谓"亲于间"是指将军亲信于所派出的间谍。梅尧臣注释道："入幄受词，最为亲近。"王皙注释道："以腹心亲结之。"张预注释道："三军之士，然皆亲抚，独于间者以腹心相委，是最为亲密也。"因为在将军与间谍之间存在这样的特殊关系，无怪乎在军队中，间谍的待遇是最高的。正如张预注释的那样："非高爵厚利，不能使间。"陈平曰："愿出黄金四十万斤，间楚君臣。"

然而，并非将军就只能依靠间谍的情报而完全失去自己的判断。在这方面，孙武提出了下面三个建议：第一，间谍必须具有过人才智和赤诚之心；第二，使间者必须具有怀仁之心；第三，在对间谍充分信任的同时，必须保持对情报进行正确判断的清醒头脑。前两条都比较容易做到，但第三条则较难。难以操作之处，主要表现在一位将领如果对派出的间谍过分相信，往往会"爱屋及乌"而产生"信人信言"的不良结果。

众所周知，任何间谍在没有被敌人发现和反间的情况下，都是力求使自己的主观愿望与客观实际环境相统一。但是，客观实情，尤其当他们面对那些敌方反间专家精心伪装的军事机密时，往往会得出错误的判断。所以，不能认为选出及培养间谍，然后派往敌方并收回情报,就是"用间"的成功。

实际上,对于战争的最后胜利,上述孙武建议中的前两条只是用间工作的准备,第三条才是最重要的。所以,孙武在本篇的第二段中就提出:"五间俱起,莫知其道,是谓神纪,人君之宝也。"

这句话正面用在我方派出的间谍身上,其含义与前面所说的那种"防间"的必要性有所不同。我们可以理解为,孙武提出应当对各种间谍打探到的各类情报进行相互比对和印证,这才是将军应当重视的关键环节。所谓"莫知其道"所指的是:准确情报的真正来源,必须不能拘于某一间谍或某一渠道。当然,"五间俱起"的代价、风险和被反间的可能性将会更大!

在这里,孙武在论述"间战"之中,也牢牢地不忘其一贯提倡的"仁战"原则。所谓"非仁义不能使间",这不仅关系如何对待自己派出的间谍,而且也涉及如何策反对方派往我方的间谍、使之为我所用的有效方法。间谍的身份、气度和人生价值取向,显然是不可与将领相提并论的。古往今来,间谍中很少人具有"富贵不能淫,威武不能屈"的大丈夫气概。所以,将领们在选用间谍人才时,应当避免选用过于刚直、正气凛然的人,反而应当努力发觉和培养一些八面玲珑、有非凡城府、能够察言观色而"见风使舵"的奇才。

我们注意到,在所谓"五间"之中,作用最大而且难度最大的是所谓"反间"。"反间"的一般手段,是收买或利用敌方安插在我方的间谍,使其能够反向为我服务。反间计的关键是"以假乱真",这样就能够同时达到挑拨离间和麻痹敌志的效果。梅尧臣注释道:"或以伪事给之,或以厚利啖之。"以伪事给之,即有意向敌间提供错误的信息,使其在敌国失宠。

熟悉敌人内情的人,或者能够将错误信息带进敌营的人,莫过于敌方的自己人。孙武列出两类特殊的人选:一种是"乡间"。所谓"乡间",杜牧注释道:"因敌乡国之人而厚抚之,使为间也。"另一种是"官人"。所谓"官人"是指敌方的官吏。杜牧注释道:"敌之官人,有贤而失职者,有过而被刑者,亦有宠嬖而贪财者,有屈在下位者,有不得任使者,有欲因败丧以求展己之材能者,有翻覆变诈、常持两端之心者。如此之官,皆可以潜通问遗,厚贶金帛而结之。因求其国中之情,察其谋我之事,复间其君臣,使不和同也。"

上述两类人所发挥的间谍作用,往往不亚于"反间"。实际上,他们也是一种特殊类型的"反间"。

在本篇中,孙武似乎认为,整个间谍活动应当以"反间"为线索,这样可以达到事半功倍的效果。问题在于如何才能够探察出敌方的间谍所在? 这一方面就需要依靠我方安插在敌方的间谍,另一方面,就是依靠那些已经成为"反间"的敌间。这就叫作"我中有敌,敌中有我"。杜牧在注释中曾经写道:"乡间、内间、死间、生间,四间者,皆因反间知敌情而能用之,故反间最切,不可不厚也。"梅尧臣也注道:"五间之始,皆因缘于反间,故当厚遇之。"

孙武的这个主导观点,对中国古代的兵家用间产生了较大又久远的影响。在古人看来,"五间"的间谍活动是以"反间"的活动而展开的,"反间"是整个间谍活动的轴心。如果要达到所谓"五间俱起,莫知其道,是谓神纪"的效果,只有首先做好"反间"的工作。

可见,孙武当时就具有这种抓主要矛盾和抓矛盾的主要方面的意识了。这方面体现出孙武在处理错综复杂矛盾时的方法论特点,也可以充分借鉴。

孙武给我们的启示是:一、用人的原则必须是量才适用、论功行赏,尤其在奖赏方面必须有所区别;二、在军队人才建设中,必须树立所谓"轴心力量",实现一种主辅相应的局面,只有这样,才能"提纲挈领、纲举目张"。

③ 生间者,反报也。

"反"通"返"。生间是指可以往返于敌我之间的间谍。杜牧注:"生间者,必取内明外愚,形劣心壮,矫捷劲勇,闲于鄙事,能忍饥寒垢耻者为之。"反报,指将情报送回。

【原文】

非圣智不能用间，非仁义不能使间，非微妙不能得间之实。

微哉！微哉！无所不用间也！间事未发而先闻者，间与所告者皆死④。

凡军之所欲击，城之所欲攻，人之所欲杀，必先知其守将、左右、谒者、门者、舍人之姓名，令吾间必索知之。

必索敌人之间来间我者，因而利之，导而舍之，故反间可得而用也。因是而知之，故乡间、内间可得而使也。因是而知之，故死间为诳事，可使告敌。因是而知之，故生间可使如期。

五间之事，主必知之，知之必在于反间，故反间不可不厚也⑤。

昔殷之兴也，伊挚在夏；周之兴也，吕牙在殷。

故惟明君贤将，能以上智为间者，必成大功。

此兵之要，三军之所恃而动也⑥。

【译文】

不是才智超群的人不能担任间谍的重任,不是慷慨仁慈的人不能任用间谍,不是谋虑精细的人不能分辨证实间谍的情报是否真实。

微妙!微妙!无时无处都可以使用间谍!如果间谍的工作还没有展开,而秘密已经泄露出去了,那么间谍和知情人就必然面临死亡的危险。

凡是要准备攻打敌人的军队,攻占敌方的城池,刺杀敌人的官员,都需预先了解敌方的主管将领、左右亲信、负责传达的官员、守门官吏和门客幕僚的姓名,这些都必须命令我方的间谍去侦察清楚。

一定要搜查出敌人安插在我方的间谍,可以趁机用重金去收买他,引诱他然后放他回去,这样他就可以充当反间为我所用。通过反间为我工作,这样,乡间、内间也就可以被利用起来了。通过反间的作用,可以使用死间传播假情报给敌人。以适当的方式使用可以定期返回报告敌情的生间。

对五种间谍的使用方案,国君都必须了如指掌,了解这些情况的关键在于如何策反敌人的间谍。所以,对于反间的工作不能不给予优厚的待遇。

从前殷商兴起,主要是重用了曾在夏朝为臣的伊尹,因为他了解夏朝的内情;周朝兴起,是由于周武王重用了了解商朝内情的商朝旧臣姜子牙。

所以,只有明智的国君和贤能的将领,才能任用智慧超群的人去充当间谍,这样就一定能够建立大功。

用兵的关键,是整个军队必须依靠间谍们提供的准确情报,然后再决定部队的战略行动。

【注评】

④ 间事未发而先闻者,间与所告者皆死。

梅尧臣注:"杀间者,恶其泄;杀告者,灭其言。"何氏注:"兵谋大事,泄者当诛;告人亦杀,恐传诸众。"

⑤ 知之必在于反间,故反间不可不厚也。

杜牧注:"间亦有利于财宝,不得敌之实情,但将虚辞以赴我约,此须用心渊妙,乃能酌其情伪虚实也。"意思就是,防止我方间谍为敌人财宝所诱,传递虚情给我军。即防止我方间谍被敌方"反间"。故梅尧臣注:"防间反为敌所使,思虑故宜几微臻妙。"王注:"谓间者必性识微妙,乃能得所间之事实。"张预注:"间以利害来告,须用心渊微精妙,乃能察其真伪。"只能从反间那里,才能得到敌人真实而又十分隐秘的内情。

⑥ 所恃而动。

掌握了切实的敌情之后再去行动。所恃:对情报的掌握、了解。张预注:"用师之本,在知敌情,故曰'此兵之要'也。"杜牧注:"不知敌情,军不可动;知敌之情,非间不可,故曰'三军所恃而动'。"

【精彩案例】

相守数年,以争一日之胜。而爱爵禄百金,不知敌之情者,不仁之至也。

隋文帝次子杨广被封为晋王,远离京城驻封地扬州。杨广对哥哥杨勇被封为太子十分妒忌,一直想着取而代之。为了刺探京城消息,他以重金收买了隋文帝的宠妃陈贵人,探知到隋文帝对杨勇不满。原来,杨勇生活奢侈、贪爱美色,还有杀害其正妻元妃的嫌疑,所以,隋文帝担心杨勇没有才德来继承自己的事业。从此,杨广把自己装扮成一个正人君子。他只与正妻萧妃住在一起。隋文帝和独孤皇后每次派人去扬州看望他,他都厚礼迎送。每次入朝的穿着都俭朴无华,终于博得隋文帝和独孤皇后的欢心。

杨广为夺取太子位迈出第一步后,急忙将手伸进京城。他把密友宇文述派去拉拢朝廷重臣杨素的弟弟杨约。宇文述借宴请和赌博取乐之机,把价值连城的奇珍异宝故意输给杨约。当杨约感到奇怪、追问珍宝来历时,宇文述坦言说这是晋王的赏赐。又说如今杨勇失宠,如果杨约兄弟能说服皇上改立晋王为太子,太子对他们兄弟将感恩不尽。

杨约把宇文述的话转告杨素,杨素已知隋文帝对杨勇不满,却不知独孤皇后的态度。一天,杨素借入宫参加宴会之机向独孤皇后进言:"晋王孝顺友爱谦恭节俭,很像皇上。"独孤皇后十分认同,也连连责怨杨勇,临走时还赠送给杨素不少金银。于是,杨素下决心扶立杨广为太子。此后,隋文帝经常派杨素去试探杨勇对废黜太子的反应,而杨素都故意激怒杨勇。因此,隋文帝越发感到不安,于是派人日夜监视杨勇。杨广又以重金收买了杨勇宫中的官员姬威,让姬威上疏状告杨勇谋反。姬威权衡利弊之后,一咬牙站到了杨广一边。

公元 600 年,隋文帝终于下定决心废除杨勇的太子封号,立晋王杨广为太子。三年之后,杨广乘隋文帝病重之际,命杨素和亲信张衡害死隋文帝夺取了皇位,史称隋炀帝。

非微妙不能得间之实。

《史记·陈丞相世家》记载,汉高祖刘邦的大谋士陈平,曾为汉高祖"六出奇计"。

公元前 204 年,刘邦被项羽包围在荥阳城中长达一年,汉军外援和粮草通道都被切断,刘邦内外交困计无所出,便去请教陈平。陈平献计说,项羽为人猜忌偏信谗言,他依靠信赖的人只有亚父范增、钟离眜、龙且等人。每到赏赐功臣时他又非常吝啬爵位和封邑,这就造成天下士人不愿意为他卖命。大王如能舍得几万金加上反间计,离间其君臣关系,使之上下疑心相互内讧,我军乘机反攻定能击败楚军。

于是,刘邦慨然交给陈平四万金。陈平陆续收买楚军将士让他们散布钟离昧、龙且、周殷等将领对项羽不满且要与汉王联合的谣言。谣言传到项羽耳中后,项羽便起了疑心,渐渐地不再与钟离昧等人商议军机大事了,甚至对亚父范增也若即若离。

此时,刘邦派使者与项羽讲和,项羽随即派使者回访,企图探察谣言真伪。此举正中陈平下怀,他指使佣人拿出上等餐具和上等佳肴,做好招待楚国使者的准备。楚使抵达的那一天,陈平一见面便佯装惊讶低声自语"原以为是亚父范增的使者,来的却是项王的使者"。于是,命佣人将把原先摆上的上等餐具和上等佳肴撤下,换上劣等食物及餐具。楚使受此大辱立即返程,回去后一五一十地向项羽报。此举引起了项羽更大的疑心。

当时,亚父范增并不知道项羽已经对他不再信任,还是几次三番地劝项羽速取荥阳,否则会夜长梦多,发生变故。项羽却明显冷落范增。对项羽一向忠心耿耿的范增见项羽竟然对自己起了疑心,暗自神伤,又转为气愤。一天,他忍不住地对项羽说:"如今天下成败已定,还请君王好自为之,臣乞求这把老骨头退归乡里了。"不料,项羽顺水推舟居然答应范增告老还乡。范增又气又恨,归乡途中背生痈疽,未等回到故乡彭城便一命呜呼。

这便是陈平"六出奇计"中的一计。在范增离去、钟离昧等人失去了项羽信任之后,陈平又施诱敌之计,让将军纪信冒充刘邦打开东城门出降,吸引楚军在东门围观,而真正的刘邦和陈平等人则在众将掩护下乘着西门楚兵空虚之机,打开西门匆匆逃离荥阳。

银雀山汉墓竹简

《孙子兵法》

计

【原文】

[□□]曰:兵者,国之大事也。死生之地,存亡之道,不可不察也。

故轻(经)之以五①,效之以计②,以索其请(情)③。一曰道,二曰天,三曰地,四曰将,五曰法。

道者,令民与上同意者也,故可与之死,可与之生,民弗诡也④。

天者,阴阳、寒暑、时制也;顺、逆,兵胜也⑤。

地者,高下、广陕(狭)⑥、远近、险易、死生也。

将者,知(智)□

……曲制⑦、官道、主用也。

凡此五者……孰能?天地孰得?法[□□□□□]孰强?士卒孰练⑧?赏孰明⑨?

【注释】

① 轻:同"经",权衡、研究。以:为了。② 效:核验。③ 索:探索。请:同"情",情况。④ 之:指君王。诡:疑惑。⑤ 顺:顺应天时,自然条件有利于作战。逆:逆天。自然条件不利于作战。⑥ 陕:同"狭",狭窄。⑦ 曲制:古代军队编制之称。⑧ 练:训练有素。⑨ 赏:奖赏。

曰兵者　国之　大事　也　死生之地

存亡之道　不可　不察

也　故轻　之以五　效之以计　以索六　请　一曰道二

◁ 银雀山汉墓竹简摹本（局部）

【原文】

　　吾以此知胜⑩［□□□□□］计，用之必胜 …… 用而视（示）之不用，近而视（示）之远，［远］而视（示）之近。

　　利而诱之，乱而取之，实［□］□ 之，强而 □ 之，怒而譊（挠）⑪ 之。

　　攻其［□］备，出其 …… 胜，不可 …… 筭胜者 …… 筭少［□□□□］少 □□□ 无筭⑫［□□□］此观 ……

【注释】

　　⑩ 以此知胜：根据上述判断，可预知战事能否取得胜利。
⑪ 譊（náo）：同"挠"，骚扰。⑫ 筭：谋划。

作战

【原文】

孙子曰：凡用兵之法，驰 □ 千驷，[□□□] 乘，带甲 [□□□] 里而馈粮，则外内 …… 车甲之奉，日 □□□ 内 □ …… 用战，胜久则顿①。…… 起，虽知（智）者，不能善其后矣。故 …… 未有也。

故不尽于知用兵 …… 粮于敌[□□]食可足也。

国之贫于师者，远者远输则百姓贫；近币（师）者贵 □□□□ 则 □ 及丘役②。

屈力中原，内虚于家。百[□□]费，十去其六 …… 石。故杀适（敌）③□ …… 车战 ……

…… 卒共而养之，是胃（谓）④ 胜敌而益强。故 ……

【注释】

① 顿：被牵制、钳制。② 币：同"师"。丘役："丘"为古代的数字单位。春秋时期，九夫为井，四井为邑，四邑为丘，四丘为甸。"役"为服兵役、从军或为了战争服劳力之事。"丘役"此处是指春秋战国时期国家之间开战时百姓所缴纳的赋税，每户需要缴马一匹、牛三头。后来泛指为了支持本国军队前方作战而向本国百姓所征收的赋税或赋役。③ 适：同"敌"，敌方。④ 胃：同"谓"，多见于出土帛书或竹简。

谋攻

【原文】

…… 破伍 …… 其下攻城。

［攻］城之法，修橹^①…… □□ 三月而止 □，距闉^② 有（又）三月，然 …… 城不［□□□□□］弋（灾）也。

故善用兵者，诎^③ 人之兵而非战，拔人之［□］而非攻也，破人之国而非 …… 天下，故［□□□］而利可 □…… 战之 …… 所以患军 …… 知三军 …… 澄（既）^④ 疑，诸侯之 …… 知可而战与不可而战，胜。

知众 …… 以虞侍（待）不 …… 故兵知皮（彼）知己，百战不 ……

【注释】

① 橹：没有棚顶的瞭望塔。② 闉：同"堙"。距闉，指攻城时筑的土山。③ 诎：折服、降服。④ 澄：同"既"。

刑（甲）①

【原文】

孙子曰：昔善 …… 胜，以侍（待）适（敌）之可胜。不可胜在己，可胜在适（敌）。故善者 …… □ 使适（敌）可胜。

故曰：胜可智（知）［□］，不可为也。不可胜，守；可胜，攻也。守则有余，攻则不足。昔善守者，臧（藏）九地之下，动九 ……

众人之所知，非善。…… 曰善，非 □□ 也。举［□□□□□］力，视日月不为明目，闻雷霆不为葱耳②。

【注释】

① 刑：同"形"。本篇可与传世本《军形篇》对照，而且在银雀山汉简中存在两个版本，故分别被命名为《刑（甲）》和《刑（乙）》。
② 葱：同"聪"，听力好。

四曰称 五曰胜
地

法一曰度 二曰量 三曰数

◁银雀山汉墓竹简摹本（局部）

【原文】

所胃（谓）善者，胜易胜者也。故善者之战，无④ 奇[□]，无智名，无勇功，故其胜不贷（忒）⑤。不[贷（忒）]者……

□□胜□后战，败[□□□□]而后求胜。故善者修道□□法，故能为胜败正。

法：一曰度，二曰量，三曰数，四曰称⑥，五曰胜。地……生称，[称]生胜。

胜兵，如以溢（镒）称朱（铢）⑦。败兵，如以朱（铢）称溢（镒）。

称胜者战民也，如决积水于千阣（仞）⑧……

【注释】

④ 无：这里指的是"不去追求"。⑤ 贷：同"忒"，过失。⑥ 称：衡量。⑦ 溢：同"镒"。朱：同"铢"。576铢等于一镒。⑧ 阣："仞"古字。

刑（乙）

【原文】

……胜而□适（敌）之可胜。不可胜在己，可胜在适（敌）。故善者能为不可胜[□□□□]可胜，故……也。

守则有余，攻则不足。昔善守者，臧（藏）九地之下，动九天之上，故能智葆全[□□]。见胜[□]过众之智，非善者也。

战胜而天下曰善……易胜者也。故善[□□□□]奇胜，无智名，无[□]功，故其胜不贷（忒）。不贷（忒）者，其所错[□]胜败者也。善……胜兵……败正。

法：一曰度，二曰量，三曰数，四……生胜。

胜兵如以洫（镒）称朱（铢），败兵如以朱（铢）称洫（镒）。

称[□]者战民也，如决积[□□□]阻之墟①，刑（形）也。

【注释】

① 墟：山间深谷。

192

埶①

【原文】

治众如治寡，分数是。

斗众……可使毕②受适（敌）而无败，□正□［□□□□］如以段（碫）③……

……穷如天地，无谒（竭）④如河海。冬而复始，日月是……变，不……之变不可胜穷也。

奇正环相生，如环之毋（无）端，孰能穷之？

水之疾，至……可败。

乱生于治，胁（怯）⑤生于惥（勇），弱生于强。

治乱，数也；惥（勇）胁，埶也；强［□□］也。

善动适（敌）者，刑（形）之，适（敌）必从之，［□□□□］取之。

以此动之，以卒⑥侍（待）之。

故善战者，求之于埶，弗责于……木石。木石之生（性）安则静，危则动，方则……

【注释】

①埶：同"势"。②毕：同"必"，即使。③段：同"碫"，砺石之义。传世本误作"碬"，由此竹简本可纠正传世本之误。④谒：同"竭"，枯竭。⑤胁：同"怯"，胆怯。⑥卒：一说为"士兵"；一说为"仓促"。

193

实虚

先处战地而侍（待）战者，失（佚）。后处战地而趋战者，劳。

故善战者，致人而不［□□］人。

能使适（敌）［□］至者，利之也。能使适（敌）…… 能劳之。饱能饥之者，出于其所必［□□］。

□ 行千里而不畏，行无人之地也。

攻而必［□□□］所不守也。守而必固。守其所□［□□□□□］者，适（敌）不知所守。善守者，适（敌）不知□□…… 故能为适（敌）司命。

【原文】

进不可迎者，冲[□□□□□]可止者，远 …… 适（敌）不得不[□□□]者，攻其所 …… 之。

适（敌）不得与我战者，胶①其所之也。

故善将者刑（形）②人而无刑（形）[□□]，榑③而适（敌）分。我榑而为一，适（敌）分而为十，是以十击一也。我寡而适（敌）众，能以寡击□……

…… 地不可知，则适（敌）之所备者多。所备者多，则所战者寡矣。备前 …… 者右④寡，无不备者无不寡。寡者备[□□□]众者，使人备己者也。

知战之日，知战之地，千里而战。

不[□□□]日，不知战之地，前不能救后，后不能救前，左不能救[□□]不能救左。

皇（况）⑤远者数十里，近者数里□……□□胜戈（哉）。

故曰：胜可擅⑥也。适（敌）唯（虽）众，可毋斩（斗）⑦也。

【注释】

① 胶：欺诈。② 刑：同“形”，显示形迹。③ 榑：同“专”，指集中兵力。④ 右：右翼。⑤ 皇：同“况”，何况。⑥ 擅：把持、掌握。⑦ 斩：古“斗”字。

常立

日有短长月有死生·神要

◁ 银雀山汉墓竹简摹本（局部）

【原文】

故绩⑧之而知动□。……死生之地，计之[□□]得失之□，□之[□□]余不足之□。

刑（形）兵之极，至于无刑（形）。[无刑（形）]，则深间弗能规（窥）⑨也，知（智）者弗能谋也。

因刑（形）而错胜□……制刑（形）。所以胜者不……

兵刑（形）象水。水行辟（避）⑩高而走下。兵胜辟（避），实击虚。故水因地而制行，兵因敌而制胜。

兵无成埶，无恒刑（形）。能与敌化之胃（谓）神。

五行无恒胜，四时□常立（位）。日有短长，月有死生。

·神要

【注释】

⑧绩：与"策"古音相近，疑当作"策"，即算计。⑨规：同"窥"，窥探。传世本作"观"。⑩辟：同"避"，避开。

196

军争

【原文】

…… 以 □ 为直，以患 …… 而诱之[□□]。

后人发，先人至者，知汙(迂)[①] 直之计者也。

军争为利，军争[□] 危。

举军而争利则 □ 不及。委军而 □ 利则辎重捐[②]。是故絭(卷)[③] 甲而趋利[□□□] 处，倍 …… 者后，则十一以至。

五十里而争利，则厥(蹶)[④] 上将，法以半至。…… 军毋辎重[□□] 粮食则亡，无委责(积) 则亡。

【注释】

① 汙：同“迂”，迂回。② 捐：舍弃。③ 絭：同“卷”。④ 厥：同“蹶”，挫败、折损。

【原文】

是故不知诸侯之谋者，不 …… 刑（形）者不能行军。不□乡（向）道（导）…… 动，以［□］合变 …… 难知 …… 分利，县（悬）⑤权而动。

先知汙（迂）直之道者［□］，军争之法也。

是故军 …… 鼓金；视不相见，故为旌旗。是故昼战多旌旗，夜战多鼓金。［鼓金］旌旗者，所以壹⑥民之耳目也。民澄（既）⑦已榑［□□］勇者不 …… 将军可夺心⑧。

…… 用兵者，辟（避）其兑（锐）⑨气 …… 气者 …… 远，以失（佚）［□］劳，以饱侍（待）饥，此治力者也。

毋要齺齺⑩之旗，毋击堂堂之陈（阵）⑪，此治变者 …… 倍（背）⑫丘勿迎，详（佯）⑬北勿从，围师遗阙⑭，归师勿谒（遏），此用众之法也。

四百六十五

【注释】

⑤县：同"悬"。⑥壹：统一。⑦澄：同"既"。⑧夺心：被扰乱思维。⑨兑：同"锐"，锐气。⑩齺齺：同"正正"。⑪陈：同"阵"，军阵。⑫倍：同"背"，背向、背靠。⑬详：同"佯"，假装。⑭遗阙：留出缺口。

九变^①

【原文】

……瞿（衢）地……地则战……攻。地有所不争，
□……于九……能得地……利，故务可信。

杂于害，故忧患可……不攻 □[□□□] 不可攻。故将
有五[□□□□] 杀。

必生……洁廉，可辱。

爱民，可……危，不可不察也。

【注释】

① 九：这里不用作计数，而表示数量众多。

行军

【原文】

  …… 处高，战降毋登，[□] 处出之 ……

  此处水上之军 …… 交军沂泽之中，依 …… 死后生，此处 □……

  凡四军之利，黄帝之 …… 无百疾。

  陵丘堤 □ 处其阳，而右倍① 之。此兵之利，地之助也。

  上雨水，水流至，止涉侍（待）其定[□□□]。天井、天窖、天离、天翘、天郤②，必亟去之，勿[□□□]远之，敌近之。

【注释】

  ① 倍：同"背"，背靠。② 天离、天翘、天郤：离，古音与"罗"相近，意为草木茂密之地。翘，疑为与"天陷"相近的泥泞难行的地形。"郤"即两山相对、道路狭窄之地。

【原文】

吾 ……□笭(苇)、小林、翳洔(荟)③、可伏匿者,谨复索之,奸之所处也。

敌近而□者,恃其险也。

敌远□……进者,其所居者易……军者也。

□庳(卑)④而备益者,进也。强而[□]驱⑤者,退也。轻车先出居厕(侧)⑥者,[□□□□□]。请和者,谋也。奔走陈兵者,期也。半进者,诱也。杖而立者,饥也。汲役先饮⑦……而不进者,劳拳(倦)⑧也。鸟□者,虚也。夜呼者,恐也。军獶者,将不重也。……缶者,不反(返)其舍者,穷寇也。

□□间间□言人者,失其众者也。数赏者,窘也。数罚者……相去也,必谨察此。

兵非多益,毋……

……而罚之,则不服,不服则难用也。

卒已槫亲而罚不行,则不用。故合之以交,济之以……行,以教其民者,民服。

素……

【注释】

③翳洔:翳,遮掩、树荫。洔,同"荟",草木茂盛。④庳:同"卑",指语辞谦卑。⑤驱:进驱。⑥厕:同"侧",在旁边。⑦汲役先饮:汲,由井里向上提水。役,从事劳动者。⑧劳拳:拳,同"倦",劳累。

地形①

◁雁门关

【注释】

    ① 此篇在简牍中仅存篇题，没有正文，故录而存之。

九地

【原文】

……地，有轻地，有争地，有交地，有瞿（衢）地，有重地，有泛地，□围地，有死地。

诸侯战[□]地为散……而得天□之众者为瞿（衢）。

入人之地深，倍（背）城邑多者，为重。

行山林、沮泽，凡难行之道者，为□。

……□寡可[□□]吾众者为围。

疾则存，不疾则亡者，为死。

是故散[□□□□]，轻地则毋止。争……□，瞿（衢）……则行。围地则谋，死地则战。

所胃（谓）古善战者，能使适（敌）人前后不相及也。

【原文】

…… 适（敌）众以正（整）将来,侍（待）之[□]何?……

曰夺[□□□□]听[□□]之请（情）,主数（速）也,乘人之不给也 ……

…… 食,谨养而勿劳,并 …… 谋,为不可贼（测）。

投之毋（无）所往,死且不北,死焉 …… 无所往则 …… 所往则斗。

是故不调而戒①。不 …… 非恶② 货也;无余死,非恶寿也。

令发[□□]士坐者涕 □□,卧[□□□□]。

投之无所往者,诸、岁③ 之勇也。

故善用军者,辟（譬）如卫然④。卫然者,恒山之 ……

击其尾,则首至。击其中身,则首尾俱至。敢问 □ 可使若卫然虖（乎）?曰:可。

【注释】

① 不调而戒:调,同“修”,古音相近,治理。戒,警戒。意为不需治军则全军谨慎小心。② 恶:厌恶。③ 诸、岁:指专诸及曹刿。岁,同“刿”。④ 卫然:即“率然”,古代传说中的一种蛇。

【原文】

越人与吴人相恶也。当其同周（舟）而济也。

相救若□……齐勇若一……□已也。

将军之事……之耳目，使无之。易其事[□□□]，使民无识；易其□，于（迁）其□，使民不得……

……入诸侯之地，发其几（机），若驱群……变，诎（屈）⑤信（伸）之利，人请（情）之理，不可不察也。

凡为[□□□]樽，浅则散。□国越竟（境）⑥而师者，绝地也。四䢾（彻）⑦者，衢（衢）地也。……者，轻地也。倍（背）固前□[□□]地也。倍（背）固前适（敌）者，死地也。毋（无）所往者，穷地也。[□□□]散地，吾将一其志。轻地，吾将使之偻⑧。争地，吾将使不留。交地也，吾将固其结⑨。䢾（衢）地也，吾将谨其恃。[□]地也，吾将趣其后。泛地也，吾将进其□。围地也，吾将塞[□□]死地……

【注释】

⑤诎信：同"屈"，弯曲、屈服。信，同"伸"。屈伸，进退之义。⑥竟：同"境"，国境。⑦䢾（chè）：同"彻"，四通八达。⑧偻：迅速。⑨结：同"结"，与诸侯交结。

【原文】

□侯之请(情):遝则御,不得已则斗。过则从 …… 利。

四五者,一不智(知),非王霸之兵也。彼王霸之兵,伐大国则其众不 …… 则其交不 □ 合。是故不 …… 可拔也,城可隳(隳)⑩也。

无法之赏,无正之令,犯三 …… 以害,勿告以利。

芋⑪之亡地,然而后存。陷 …… 于害,然后能为败为 …… □□ 将,此胃(谓)巧事。

是故正(政)与(举)□ …… 其使,厉于郎(廊)上⑫,以诛其事。

适(敌)人开阖⑬,必亟入之。

先其所爱,微⑭ 与 …… 决战事。是故始如处 ……

【注释】

⑩隳:同"隳",毁坏。⑪芋:同"宇",处于。之:往、到。亡地:绝地。⑫厉于郎上:厉,同"砺",反复推敲。郎,同"廊",朝堂。⑬阖:大门。⑭微:不要。

火攻

【原文】

孙子曰：凡攻火有五：一曰火人①，二曰火渍（积）②，三曰火辎，四曰火库，五曰火[□□]。火有因，因必素具③。发火有时，起火有日。

时者，天 …… 四者，风之起日也。火发 □…… 火发其兵，静而勿攻，极其火央④，可从而从[□□□□□]止之。火可发于外，毋寺（待）⑤ 于内，以时发之。

火 □ 上风，毋攻[□□□□]久，夜风止。…… 之变，以数守之。故以火佐攻者明，以水佐攻者强。

水可 …… 得，不隋⑥ 其功者凶，命之曰费留⑦。

故曰：明主虑之，良将随之。非利[□□□□]不用，非危不战。主不可以怒兴军，将不可以温（愠）⑧ 战。合乎利而用，不合而止。怒可复喜也，温（愠）可复 ……

【注释】

① 火：作动词用，即火烧。② 渍：同"积"，积聚。③ 素具：平时准备好。④ 央：完结、终止。⑤ 寺：同"待"，等待。⑥ 隋：音 duò，归，此处即归功之义。⑦ 费留：此处指的是不及时论功行赏、吝啬财物。⑧ 温：同"愠"，发怒。

用间

【原文】

孙子曰：凡 …… 里，百生（姓）之费。□[□□□]费日千 …… 知适（敌）之请（情）^①者，不仁之至也，非民之将也，非主[□□□□□]之注（主）也。

故 …… 不可象[□□]，不可验于度，必取于人知者。

故用间有五：有 □ 间，有反间，有死间，有生间。[□□□□□]知其[□□□]神纪^②，人君之葆（宝）^③也。

生间者，反^④报 …… 乡人而用者也。

内间者，因[□□□□□]□。反 …… 三军之亲，莫亲于间，赏莫厚于间，事莫密于间。非圣[□□□□]，非仁不能使 …… 之葆。

【注释】

① 请，同"情"，情况。② 神纪：神妙的纲纪。这里指的是君王的法宝。③ 葆：同"宝"。④ 反：同"返"，返回。

◁银雀山汉墓竹简摹本（局部）

也 因是 而知之 故 乡间 内间 可得 而使也

【原文】

密哉密哉，毋所不用间。[□□]事未发，闻，间□……攻，人[□□□]杀，必先□其□[□□□]谒者……用也。

因是⑤而知之，故乡间、内间可得而使也。

……五间之事，必知之。……可不厚也。

□……在夏，周之兴也。

吕牙在□[□□□]□衞师比在陉⑥，燕之兴也。苏秦在齐，唯明主贤将能……

【注释】

⑤是：此。⑥陉：山脉中断的地方。

吴问

吴王问孙子曰："六将军^①分守晋国之地，孰先亡？孰固成？"

孙子曰："范、中行是（氏）先亡。"

"孰为之次？"

"智是（氏）为次。"

"孰为之次？"

"韩、魏（魏）为次。赵毋失其故法，晋国归焉。"

吴王曰："其说可得闻乎？"

孙子曰："可。范、中行是（氏）制田^②，以八十步为畹^③，以百六十步为畛^④，而伍^⑤税之。其□田陕（狭）^⑥，置士多。伍税之，公家富。公家富，置士多，主乔（骄）^⑦臣奢，冀功数战，故曰先[亡]。

【注释】

① 六将军：指春秋时期晋国的范、中行、智伯、韩、魏、赵六卿。
② 制田：规划土地的使用。③ 畹：古代的田地计量单位，五十亩为一畹。④ 畛：本义指井田的边界，引申为田地边界。⑤ 伍：五分之一。⑥ 陕：同"狭"，狭窄。⑦ 乔：同"骄"，骄纵。

【原文】

　　"……公家富,置士多,主乔(骄)臣奢,冀功数战,故为范、中行是(氏)次。

　　"韩、巍(魏)制田,以百步为畹,以二百步为畛,而伍税[之]。其□田陕(狭),其置士多,伍税之,公家富。公家富,置士多。主乔(骄)臣奢,冀功数战,故为智是(氏)次。

　　"赵是(氏)制田,以百廿步为畹,以二百卌步为畛,公无税⑧焉。公家贫,其置士少。主金臣收⑨,以御⑩富民,故曰固国。晋国归焉。"

　　王曰:"善。王者之道,□□厚爱其民者也。"

　　二百八十四

【注释】

　　⑧ 公税:官家所收税赋;国家收税。⑨ 主金臣收:疑作"主敛臣收",即君主和大臣都很收敛。⑩ 御:统治。

四变

……[徐(途)^① 有所不由,军有所不击],城有所不攻,地有所不争,君令有[所不行]。

·徐之所不由者,曰:浅入则前事不信,深入则后利不楼(接)^②。动则不利,立则囚。如此者,弗由也。

·军之所不毄(击)^③ 者,曰:两军交和而舍。计吾力足以破其军,获^④ 其将。远计之,有奇执(势),巧权于它,而军 ……□将。如此者,军唯可毄(击),弗毄(击) 也。

·城之所不攻者,曰:计吾力足以拔之,拔之而不及利于前,得之而后弗能守。若力[不] 足,城必不取。及于前,利得而城自降,利不得而不为害于后。若此者,城唯(虽) 可攻,弗攻也。

·地之所不争者,曰:山谷水 □ 无能生者,□□□ 而□□…… 虚。如此者,弗争也。

·君令有所不行者,君令有反此四变者,则弗行也。□□□□□□□□□ 行也。

事 …… 变者,则智(知) 用兵矣。

① 徐:同"途",道路。② 楼:同"接",接续。③ 毄:同"击",打击。④ 获:同"获",俘获。

黄帝伐赤帝①

【原文】

孙子曰:〔黄帝南伐〕赤帝,〔至于 □□〕,战于反山之原②。右阴,顺术,倍(背)冲③,大灭有之。〔□ 年〕休民,孰(熟)谷④,赦罪⑤。

东伐 □ 帝⑥,至于襄平⑦,战于平 □。〔右〕阴,顺术,倍(背)衡,大灭〔有之。□ 年休民,孰(熟)谷,赦罪。

北伐黑帝,至于武隧⑧,〔战于 □□〕。右阴,顺术,〔倍(背)〕冲,大灭〔有之。□ 年休民,孰谷,赦罪〕。

西伐白帝,至于武刚,战于〔□□。右阴,顺术,倍(背)冲,大灭有〕之。

【注释】

① 这个标题,是写在出土竹简背面的篇题。本篇内容与《行军》中"黄帝之所以我胜四帝也"一句所言的内容有关。在《太平御览》卷七九中,也有引《蒋子万机论》句:"黄帝之初,养性爱民,不好战伐,而四帝各以方色称号,交共谋之,边城日惊,介胄不释,黄帝……于是遂即营垒,以灭四帝。"又见于《太白阴经·人谋·善师》:"黄帝独立于中央而胜四帝。"上述两句所言内容,都与本篇相关。根据五行排列,黄居中,赤于南,故黄帝是向南讨伐赤帝。这一段,

是孙子向吴王介绍古代黄帝如何征服四方的四帝而征战的方位、走向及战后处置等内容。古时战争胜负与运用堪舆术测位结果密切相关。敌我双方起兵布阵的方位，往往与某种天象所投射的方位相对应，因此有《尉缭子·天官》所描述的"阴阳向背"之说和《韩非子·饰邪》所描述的"左右背乡"。《黄帝伐赤帝》说明黄帝通过攻占赤、青、黑、白四帝的疆土去实现统一伟业，不是对其他四帝的侵略，而是遵循"五行"关系，将五个原始部落的主从关系理顺而已，并非真正意义上的战争，更谈不上侵略。黄帝在征服四帝的都城之后，休养生息。此举充分显示了黄帝的仁慈和胸襟，深得人民的赞赏，为日后他的统治奠定了良好的民心基础。本篇讲述了这样一个道理：不仅要战胜敌国，而且只有充分利用天时、地利、人和，才能统治战败国的未来。② 反山之原：反同"阪"。《左传·昭公三年》经文曰"滕子原卒"，《公羊》则将"原"写作"泉"。"原"字从"厂"从"泉"，《说文》曰："原，水泉本也。"《史记·五帝本纪》将"赤帝"称作"炎帝"，将"版泉"称作"阪泉"。又见《大戴礼记·五帝德》记有："黄帝……与赤帝战于版泉之野。"故"反山之原"应当就是阪泉。旧时的阪泉，位于今河北涿鹿或今山西阳曲附近。③ 右阴，顺术，倍冲：描述黄帝起兵布阵的方位。"右阴"，以右侧军队潜入、隐蔽地出击。顺术，古语中"术"指城邑中的道路，故"顺术"是指黄帝顺利攻入了赤帝的都城。倍冲：倍，古语通"背"，背向、背靠之义。"冲"为堪舆中的"冲（chòng）"，"倍冲"即为"冲背煞"。这是指黄帝攻打赤帝时对赤帝都城形成了一种"冲背煞"的威势。④ 孰谷：让庄稼成熟。⑤ 赦罪：赦免罪人。⑥ 下文言"北伐黑帝""西伐白帝"，则此句似当作"东伐青帝"。但"帝"上一残字不似"青"字，待考。⑦ 襄平：战国时，燕地有襄平，在今辽宁辽阳北。汉时又有襄平侯国，在今江苏境内。⑧ 武隧：战国时，燕地有武遂，在今河北徐水西。西汉有武隧县，在今河北武强东北。

◁ 黄帝像

【原文】

已胜四帝，大有天下⑨，暴者 …… 以利天下，天下四面归之。

汤之伐桀也，[至于 □□]，战于薄田⑩，右阴，顺术，倍（背）冲，大灭有之。

武王之伐纣，至于鼓遂，战牧之野，右阴，顺术，[倍（背）冲，大灭] 有之。

一帝二王皆得天之道、□ 之 □、民之请（情），故 ……

【注释】

⑨ 大有天下：罗泌《路史·后纪》卷五曰：黄帝"即茔垒，灭四帝有天下"。这与简文"已胜四帝，大有天下"所言之义大同。 ⑩ 薄田：亳的土地。薄，同"亳"。

地刑二①

【原文】

凡地刑（形），东方为左，西方为［右］……

……首，地平用左，军……

……地也。交□水□……

……者，死地也。产草者□……

……地刚者，毋□□□也□……

……［天］离、天井、天宛□……

……是胃（谓）重利。前之，是胃（谓）猒（厌）②守。右之，是胃（谓）天国。左之，是胃（谓）……

……所居高曰建堂。□曰□……

……□遂，左水曰利，右水曰积……

……□五月度□地，七月□……

……三军出陈（阵），不问朝夕。右负③丘陵，左前水泽，顺者……

九地之法，人请（情）之里（理），不可不□……

【注释】

①此是篇题，写在银雀山汉墓出土木牍的背面。此简上端残缺。据正文首句"地刑东方为左，西方为［右］"，简背篇题"刑"上当残去一"地"字。《地形（二）》为《孙子》中《地形》篇以外另一篇讨论地形的文字。因为木牍残断情况严重，其发掘者将此篇各残简据书体及内容编入，以至于先后次序已不可知。②猒：同"厌"，满足。③负：依靠。

见吴王①

【原文】

……□ 于孙子之馆,曰:"不穀② 好 □□□□□□□□□□ 兵者与(欤)?孙 …… 乎?不穀之好兵 □□□□ 之 □□□ 也,适之好之也。"

孙子曰:"兵,利也,非好也。兵,□〔也〕,非戏也。君王以好与戏问之,外臣不敢对。"

盖(阖)庐曰:"不穀未闻道也,不敢趣之利与 …… □。"

孙子曰:"唯君王之所欲,以贵者可也,贱者可也,妇人可也。试男于右,试女于左,□□□□。"

…… 曰:"不穀愿以妇人。"

孙子曰:"妇人多所不忍,臣请代 …… 畏,有何悔乎?"

【注释】

① 本篇记录了孙武投奔吴王阖庐时展示自己对于打仗用兵的理念和方法的一番情景。② 不穀:古代王侯的自称。

217

【原文】

孙子曰："然则请得宫□□……之国左③后玺囿④之中，以为二陈（阵）⑤□□。"

……□曰："陈（阵）未成，不足见也。及已成……□□不辞其难。"

君曰："若（诺）。"

孙子以其御⑥为……参乘⑦为舆司空。告其御、参乘曰："□□……"

□妇人而告之曰："知女（汝）右手？"

"……之。"

"知女（汝）心？"

曰："知之。"

"知女（汝）北（背）？"

曰："知之。"

……左手。胃（谓）女前，从女（汝）心。胃（谓）女……

……□不从令者也。七周而泽（释）之，鼓而前之……［三告而］五申之，鼓而前之，妇人乱而［□□］金而坐之。有（又）三告而五申之，鼓而前之，妇人乱而笑。三告而五申之者三矣，而令犹不行。

【注释】

③ 左：东边。④ 玺囿：君主行猎的园林。玺，同"狝"，古代君主秋天打猎谓之狝。⑤ 陈：同"阵"，部署、布阵。⑥ 御：这里指为吴王驾车的人。⑦ 参乘：这里指陪同吴王乘坐的人。

◁ 吴宫教战

【原文】

孙子乃召其司马与舆司空而告之曰："兵法曰：弗令弗闻，君将之罪也；已令已申，卒长之罪也。兵法曰：赏善始贱，罚……□ 请谢之。"

孙子曰："君 □…… 引而员（圆）⑧ 之，员中规。引而方之，方中巨（矩）⑨……"

盖（阖）庐六日不自 □□□□□……。

□□□□孙子再拜而起曰："道得矣。"……□□□ 长远近习此教也，以为恒命。此素教也，将之道也。民……□ 莫贵于威。威行于众，严行于吏，三军信其将畏（威）者，乘其适（敌）。

千 □ 十五

【注释】

⑧ 员：同"圆"，引申为周全、齐备。⑨ 巨：同"矩"，量尺，画图形的工具。

附录

《孙子列传》及《孙子兵法》序

史记·孙子列传

司马迁

孙子武者,齐人也。以兵法见于吴王阖庐。

阖庐曰:"子之十三篇,吾尽观之矣,可以小试勒兵乎?"对曰:"可。"阖庐曰:"可试以妇人乎?"曰:"可。"于是许之。

出宫中美女,得百八十人。孙子分为二队,以王之宠姬二人各为队长,皆令持戟。令之曰:"汝知而心与左右手、背乎?"妇人曰:"知之。"孙子曰:"前,则视心;左,视左手;右,视右手;后,即视背。"妇人曰:"诺。"约束即布,乃设铁钺,即三令五申之。于是鼓之右,妇人大笑。孙子曰:"约束不明,申令不熟,将之罪也。"复三令五申,而鼓之左,妇人复大笑。孙子曰:"约束不明,申令不熟,将之罪也。既已明而不如法者,吏士之罪也。"乃欲斩左右队长。

吴王从台上观,见且斩爱姬,大骇,趣使使下令曰:"寡人已知将军能用兵矣!寡人非此二姬,食不甘味,愿勿斩也。"孙子曰:"臣既已受命为将,将在军,君命有所不受。"遂斩队长二人以徇。用其次为队长。于是复鼓之,妇人左右前后跪起,皆中规矩绳墨,无敢出声。于是孙子使报王曰:"兵既整齐,王可试下观之。唯王所欲用之,虽赴水火,犹可也。"吴王曰:"将军罢休就舍,寡人不愿下观。"孙子曰:"王徒好其言,不能用其实。"

于是,阖庐知孙子能用兵,卒以为将。西破强楚,入郢,北威齐晋,显名诸侯,孙子与有力焉。

孙武既死,后百余岁有孙膑。膑生阿、鄄之间,膑亦孙武之后世子孙也。

《孙子》序

曹　操

操闻上古有弧矢之利,《论语》曰"足兵",《尚书》八政曰"师",《易》曰"师贞,丈人吉",《诗》曰"王赫斯怒,爰征其旅",黄帝、汤、武,咸用干戚以济世也。《司马法》曰:"人故杀人,杀之可也。"恃武者灭,恃文者亡,夫差、偃王是也。圣人之用兵,戢而时动,不得已而用之。

吾观兵书战策多矣,孙武所著深矣。审计重举,明画深图,不可相诬。而但世人未之深亮训说,况文烦富,行于世者失其旨要,故撰为略解焉。

十家注孙子遗说并序

郑友贤

求之而益深者,天下之备法也;叩之而不穷者,天下之能言也。为法立言,至于益深不穷,而后可以垂教于当时,而传诸后世矣。儒家者流,惟苦《易》之为书,其道深远而不可穷;学兵之士,尝患武之为说,微妙而不可究,则亦儒者之《易》乎?盖《易》之为言也,兼三才,备万物,以阴阳不测为神。是以仁者见之谓之仁,智者见之谓之智,百姓日用而不知。

武之为法也,包四种,笼百家,以奇正相生为变。是以谋者见之谓之谋，巧者见之谓之巧，三军由之而莫能知之。迨夫九师百氏之说兴，而益见大《易》之义，如日月星辰之神，徒推步其辉光之迹，而不能考其所以为神之深。十家之注出，而愈见十三篇之法，如五声、五色之变，惟详其耳目之所闻见，而不能悉其所以为变之妙。是则武之意，不得谓尽于十家之注也。然而学兵之徒，非十家之说，亦不能窥武之藩篱；寻流而之源，由径而入户，于武之法，不可谓无功矣。顷因余暇，撷武之微旨，而出于十家之不解者，略有数十事，托或者之问，具其应答之义，名曰《十注遗说》。学者见其说之有遗，则始信益深之法、不穷之言，庶几大《易》不测之神矣。

或问：死生之地，何以先存亡之道？曰：武意以兵事之大，在将得其人。将能，则兵胜而生；兵生于外，则国存于内。将不能，则兵败而死；兵死于外，则国亡于内。是外之生死，系内之存亡也。是故兵败长平而赵亡，师丧辽水而隋灭。太公曰："无智略大谋，强勇轻战，败军散众，以危社稷，王者慎勿使为将。"此其先后之次也。故曰："知兵之将，生民之司命，国家安危之主也。"

或问：得算之多，得算之少，况于无算，何以是多、少、无之义？曰：武之文，固不汗漫而无据也。盖经之以五事，校之以七计，彼我之算，尽于此矣。五事之经，得三四者为多，得一二者为少；七计之校，得四五者为多，得二三者为少。五七俱得者为全胜；不得者为无算，所谓冥冥而决事，先战而求胜，图乾没之利，出浪战之师者也。

或问：计利之外，所佐者何势？曰：兵法之传有常，而其用之也有变。常者，法也；变者，势也。书者，可以尽常之言，而言不能尽变之意。五事七计者，常法之利也。诡道不可先传者，权势之变也。守常而求胜，如胶柱鼓瑟，以书御马。赵括所以能书而不能战，易言而不知变也。盖法在书之传，而势在人之用。武之意，初求用于吴，恐吴王得书听计而弃己也，故以此辞动之，乃谓书之外，尚有因利制权之势，在我能用耳。

或问：因粮于敌者，无远输之费也，取用必于国者，何也？曰：兵械之用，不可假人，亦不可假于人。器之于人，固在积习便熟，而适其短长重轻之宜，与夫手足不相龃龉，而后可以济用而害敌矣。吾之器，敌不便于用；敌之器，吾不习其利。非国中自备，而习惯于三军，则安可一旦仓卒假人之兵而给己之用哉？《易》曰："萃除戎器，以戒不虞。"太公曰："虑不先设，器械不备。"此皆言取用于国，不可因于人也。

或问：兵以伐谋为上者以其有屈人之易，而无血刃之难；伐兵攻城，为之次下，明矣。伐交之智，何异于伐谋之工，而又次之？曰：破谋者，不费而胜；破交者，未胜而费。帷幄樽俎之间，而揣摩折冲，心战计胜其未形已成之策，不烦毫厘之费，而彼奔北降服之不暇者，伐谋之义也。或遣使介，约车乘聘币之奉；可使间谍，出土地金玉之资。张仪散六国之从，阴厚者数年；尉缭子破诸侯之援，出金三十万。如此之类，费已广而敌未服，非加以征伐之劳，则未见全胜之功，宜乎次于晏婴、子房、寇恂、荀彧之智也。

或问：武之书皆法也，独曰"此谋攻之法也""此军争之法也"？曰：余法概论兵家之术，惟二篇之说及于用，诚其易用而称其所难。夫告人以所难，而不济之以成法，则不足为完书。盖谋攻之法，以全为上，以破次。得其法，则兵不钝而利可全；非其法，则有杀士三分之灾。军争之法，以迂为直，以患为利。得其法，则后发而先至；非其法，则至于擒三将军。此二者，岂用兵之易哉？乃云："必以全争于天下。"又云："莫难于军争。"难之之辞也。欲济其所难者，必详其法。凡所谓屈人非战,拔城非攻,毁国非久者,乃谋攻之法也。凡所谓十一而至,先知迂直之计者,乃军争之法也。见其法而知其难于余篇矣。

或问:"将能而君不御者胜",后魏太武命将出师,从命者无不制胜,违教者率多败失;齐神武任用将帅出讨,奉行方略,罔不克捷,违失指教,多致奔亡。二者不几于御之而后胜哉?曰:知此而后可以起武之意。既曰,将能而君不御者胜,则其意固谓将不能而君御之则胜也。夫将帅之列,才不一概,智愚勇怯,随器而任。能者付之以阃寄,不能者授之以成算。亦犹后世责曹公使诸将以《新书》从事,殊不识公之御将,因其才之小大而纵抑之。张辽、乐进,守、斗之偏才也,合淝之战,封以函书,节宣其用;夏侯惇兄弟,有大帅之略,假以节度,便宜从事,不拘科制,何尝一概而御之邪?《传》曰:"将能而君御之,则为縻军;将不能而君委之,则为覆军。"惟公得武法之深,而后太武、神武,庶几公之英略耳,非司马宣王,安能发武之蕴哉?

或问:"胜可知而不可为"者,以其在彼者也;佚而劳之,亲而离之,佚与亲在敌,而吾能劳且离之,岂非可为欤?曰:《传》称用师观衅而动,敌有衅不可失。盖吾观敌人无可乘之衅,不能强使为吾可胜之资者,不可为之义也。敌人既有可乘之隙,吾能置术于其间,而不失敌之败者,可知之义也。使敌人主明而贤,将智而忠,不信小说而疑,不见小利而动,其佚也安能劳之?其亲也安能离之?有楚子之暗与囊瓦之贪,而后吴人亟肆以疲之;有项王之暴与范增之隘,而后陈平以反间疏之。夫衅隙之端,隐于佚亲之前;劳离之策,发于衅隙之后者,乃所谓可知也;则惟无衅隙者,乃不可为也。

或问:"守则不足,攻则有余",其义安在?曰:谓吾所以守者力不足,吾所以攻者力有余者,曹公也。谓力不足者可以守,力有余者可以攻者,李筌也。谓非强弱为辞者,卫公也。谓守之法要在示敌以不足,攻之法要在示敌以有余者,太宗也。夫攻守之法,固非己实强弱,亦非虚形视敌也。盖正用其有余不足之形势,以固己胜敌。夫所谓不足者,吾隐形于微,而敌不能窥也;有余者,吾乘势于盛,而敌不能支也。不足者,微之称也。当吾之守也,灭迹于不可见,韬声于不可闻,藏形于微妙不足之际,而使敌不知其所攻矣。所谓藏于九地之下者是也。有余者,盛之称也。当吾之攻也,若迅雷惊电,坏山决塘,作势于盛强有余之极,而使敌不知其所守矣。所谓动于九天之上者是也。此有余、不足之义也。

或问:"三军之众,可使必受敌而无败者,奇正是也",受敌、无败,二义也,其于奇正有所主乎?曰:武论分数、形名、奇正、虚实四者,独于奇正云云者,知其法之深而二义所主未白也。复曰:凡战,以正合,以奇胜。正合者,正主于受敌也;奇胜者,奇主于无败也。以合为受敌,以胜为无败,不其明哉!

或问:武论奇正之变,二者相依而生,何独曰善出奇者?曰:阙文也。凡所谓如天地、江河、日月、四时、五色、五味,皆取无穷无竭、相生相变之义,故首论以正合、奇胜,终之以"奇正之变,不可胜穷",相生如循环之无端,岂以一奇而能生变,交相无已哉!宜曰"善出奇正者无穷如天地"也。

或问:"其势险"者,其义易明;"其节短"者,其旨安在?曰:力虽甚劲者,非节量短近而适其宜,则不能害物。鲁缟之脆也,强弩之末不能穿;毫末之轻也,冲风之衰不能起;鸷鸟虽疾也,高下而远来,至于竭羽翼之力,安能击搏而毁折哉?尝以远形为难战者,此也。是故麹义破公孙瓒也,发伏于数十步之内;周访败杜曾也,奔赴于三十步之外。得节短之义也。

或问:十三篇之法,各本于篇名乎?曰:其义各主于题篇之名,未尝泛滥而为言也。如虚实者,一篇之义,首尾次序,皆不离虚实之用，但文辞差异耳。其意所主，非实即虚，非虚即实，非我实而彼虚，则我虚而彼实，不然则虚实在于彼此，而善者变实而为虚，变虚而为实也。虽周流万变，而其要不出此二端而已。凡所谓"待敌者佚"者，力实也；"趋战者劳"者，力虚也。"致人"者，虚在彼也；"不致于人"者，实在我也。"利之也"者，役彼于虚也；"害之也"者，养我之实也。"佚能劳之，饱能饥之，安能动之"者，佚、饱、安，实也；劳、饥、动，虚也。彼实而我能虚之也。"行于无人之地"者，趋彼之虚，而资我之实也。"攻其所不守"者，避实而击虚也；"守其所不攻"者，措实而备虚也。"敌不知所守"者，斗敌之虚也；"敌不知所攻"者，犯我之实也。"无形无声"者，虚实之极而入神微也。"不可御"者，乘敌备之虚也；"不可追"者，畜我力之实也。"攻所必救"者，乘虚则实者虚也；"乖其所之"者，能实则虚者实也。"形人"而"敌分"者，见彼虚实之审也；"无形"而"我专"者，示吾虚实之妙也。"所与战约"者，彼虚无以当吾之实也；"寡而备人"者，不识虚实之形也。"众而备己"者，能料虚实之情也。"千里会战"者，预见虚实也。"左右不能救"者，信人之虚实也。"越人无益于胜败"者，越将不识吴之虚实也。"策之""候之""形之""角之"者，辨虚实之术也。"得"也、"动"也、"生"也、"有余"也者，实也；"失"也、"静"也、"死"也、"不足"也者，虚也。"不能窥谋"者，外以虚实之变惑敌人也；"莫知吾制胜之形"者，内以虚实之法愚士众也。"水因地制流，兵因敌制胜"者，以水之高下喻吾虚实变化不常之神也。五行胜者，实也；因者，虚也。四时来者，实也；往者，虚也。日长者，实也；短者，虚也。月生者实也，死者虚也。皆虚实之类，不可拘也。以此推之，余十二篇之义，皆仿于此，但说者不能详之耳。

或问："军争为利，众争为危"，军之与众也，利之与危也，义果异乎？曰：武之辞未尝妄发而无谓也。"军争为利"者，下所谓"军争之法"也；夫惟所争而得此军争之法，然后获胜敌之利矣。"众争为危"者，下所谓"举军而争利"也；夫惟全举三军之众而争，则不及于利而反受其危矣。盖军争者，案法而争也；众争者，举军而趋也。为利者，后发而先至也；为危者，擒三将军也。

或问："兵以诈立，以利动，以分合为变"，立也、动也、变也，三者先后而用乎？曰：先王之道，兵家者流，所用皆有本末先后之次，而所尚不同耳。盖先王之道，尚仁义而济之以权；兵家者流，贵诈利而终之以变。《司马法》以仁为本，孙武以诈立；《司马法》以义治之，孙武以利动；《司马法》以正，不获意则权，孙武以分合为变。盖本仁者，治必为义，立诈者动必为利。在圣人谓之权，在兵家名曰变。非本与立，无以自修；非治与动，无以趋时；非权与变，无以胜敌。有本、立而后能治、动，能治、动而后可以权、变。权、变所以济治、动，治、动所以辅本、立。此本末先后之次略同耳。

或问：武所论"举军""动众"皆法也，独称"此用众之法"者，何也？曰：武之法，奇正贵乎相生，节制权变，两用而无穷。既以正兵节制自治其军，未尝不以奇兵权变而胜敌。其于论势也，以分数、形名居前者，自治之节制也；以奇正、虚实居后者，胜敌之权变也。是先节制而后权变也。凡所谓"立于不败之地，而不失敌之败""修道而保法""自保而全胜"者，皆相生两用先后之术也。盖"鼓铎旌旗，所以一人之耳目，人既专一，勇者不得独进，怯者不得独退"，此何法也？是节制自治之正法也。止能用吾三军之众而已。其法也固未尝及于胜人之奇也。谈兵之流，往往至此而止矣。武则不然，曰：此用吾众之法也。凡所谓变人之耳目，而夺敌之心气，是权谋胜敌之奇法也。

　　或问：夺气者必曰三军，夺心者必曰将军，何也？曰：三军主于斗，将军主于谋；斗者乘于气，谋者运于心。夫鼓作斗争，不顾万死者，气使之也；深思远虑，以应万变者，心主之也。气夺则怯于斗，心夺则乱于谋；下者不能斗，上者不能谋，敌人上下怯乱，则吾一举而乘之矣。《传》曰"一鼓作气，三而竭"者，夺斗气也。"先人有夺人之心"者，夺谋心也。三军、将军之事异矣。

　　或问：自计及间，上下之法，皆要妙也，独云"此用兵之法妙"者，何也？曰：夫事至于可疑，而后知不疑者为明；机至于难决，而后知能决者为智。用兵之法，出于众人之所不可必者，而吾之明智了然不至于犹豫者，其所得固过于众人，而通于法之至妙也。所谓高陵勿向、背丘勿逆，盖亦有可向、可逆之机；佯北勿从、锐卒勿攻，亦有可从、可攻之利；饵兵勿食、归师勿遏，亦有可食、可遏之理；围师必阙、穷寇勿追，亦有不阙、可追之胜。此兵家常法之外，尚有反复微妙之术，智者不疑而能决。所谓"用兵之法妙"也。

　　或问：九变之法，所陈五事者何？曰：九变者，九地之变也。散、轻、争、交、衢、重、圮、围、死，此九地之名也。一其志、使之属，趋其后、谨其守、固其结、继其食、进其途、塞其阙、示不活，此九地之变也。九而言五者，阙而失次也。下文曰："将通于九变之地利者，知用兵矣；将不通九变之利者，虽知地形，不能得地之利矣。"是九变主于九地，明矣。故特于《九地篇》曰："九地之变，人情之理，不可不察也。"然则既有九地，何用九变之文乎？曰：武所论"将不通九变之利"，又曰"治兵不知九变之术"。盖九地者，陈变之利，故曰"不知变不得地之利"；九变者，言术之用，故曰"不知术不得人之用"。是故六地有形，九地有名，九名有变，九变有术。知形而不知名，决事于冥冥；知名而不知变,驱众而浪战;知变而不知术,临用而事屈。此所以六地、九地、九变,皆论地利,而为篇异也。李筌以"途有所不由"而下五利兼之为十变者,误也;复指下文为五利,何尝有五利之义也。"绝地无留",当作"轻地",盖轻有无止之辞。

或曰:凡军好高而恶下。太公曰:"凡三军处山之高,则为敌所栖。"岂好高之义乎?曰:武之"高",非太公之"高"也。公所论天下之绝险也:"高山盘石,其上亭亭,无有草木,四面受敌。"盖无草木,则乏刍牧樵采之利;四面受敌,则绝出入运馈之路。可上而不可下,可死而不可久。此固有栖之之害也。武之所论,假势利之便也:处隆高丘陵之地,使敌人来战,则有登隆、向陵、逆丘之害,而我得因高、乘下、建瓴、走丸、转石、决水之势;加以养生处实,先利粮道。战则有乘势之便,守则有处实之固,居则有养生足食之利,去则有便道向生之路。虽有百万之敌,安能栖我于高哉?太武栖姚兴于天渡,李先计令遣奇兵邀伏,绝柴壁之粮道,此兴犯处高之忌,而先得栖敌之法,明矣。学孙武者,深明好高之论,而不悟处于太公之绝险,知其势利之便者,后可与议其书矣。

或问:六地者,地形也,复论将有六败者何?曰:恐后世学兵者,泥胜负之理于地形也。故曰"地形者,兵之助",非上将之道也。太公论主帅之道,择善地利者三人而委之,则地形固非将军之事也。所谓"料敌制胜"者,上将之道也。知此为将之道者,战则必胜;不知此为将之道者,战则必败。凡所言,曰走、曰驰、曰崩、曰陷、曰乱、曰北者,此六者,败之道,将之至任,不可不察也。是胜败之理,不可泥于地形,而系于将之工拙也。至于九地亦然,曰"刚柔皆得,地之理也","将军之事,静以幽,正以治","驱三军之众如群羊往来,不知其所之"者,将军之事也。特垂诫于六地九地者,孙武之深旨也。

或问:"死焉不得,士人尽力",诸家释为二句者何? 曰:夫人之情,就其甚难者,不顾其甚易;舍其至大者,不吝其至微。死,难于生也,甘其万死之难,则况出于生之甚易者哉? 身大于力也,弃其一身之大,则况出于力之至微者哉? 武意以谓三军之士,投之无所往,则白刃在前,有所不避也。死且不避,况于生乎? 身犹不虑,况于力乎? 故曰:死且不北。夫三军之士,不畏死之难者,安得不人人尽其力乎?"死焉不得,士人尽力",诸家断为二句者,非武之本意也。

或曰:"方马埋轮",诸家释方为缚,或谓缚马为方陈者,何也? 曰:解方为缚者,义不经;据缚而方之者,非武本辞。盖"方"当作"放"字。武之说,本乎人心离散,则虽强为固止,而不足恃也。固止之法,莫过于柅其所行。古者用兵,人乘车而战,车驾马而行,今欲使人固止而不散,不得齐勇之政,虽放去其马而牧之,陷轮于地而埋之,亦不足恃之为不散也。噫! 车中之士,辕不得马而驾,轮不得辙而驰,尚且奔走散乱而不一,则固在以政而齐其心也。

或问:"兵情主速",又曰"为兵之事"。夫"情"与"事"义果异乎? 曰:不可探测而蕴于中者,情也;见于施为而成乎其外者,事也。情隐于事之前,而事显于情之后。此用兵之法,隐显先后之不同也。所谓"兵之情主速"者,盖吾之所由、所攻,欲出于敌人之不虞、不诫也。夫以神速之兵,出于人之所不能虞度而诫备者,固在中情秘密而不露,虽智者、深间,不能前谋先窥也。所谓"为兵之事"者,盖敌意既顺而可详,敌衅已形而可乘,一向并敌之势,千里杀敌之将,使阵不暇战而城不及守者,彼败事已显,而吾兵业已成于外也。故曰,所谓巧能成事者,此也。是则情事之异,隐显先后也。

或问:九地之中,复有绝地者,何也? 曰:兴师动众,去吾之国中,越吾之境土,而初入敌人之地,疆场之限,所过关梁津要,使吾踵军在后,告毕书绝者,所以禁人内顾之情,而止其还遁之心也。《司马法》曰:"书亲绝,是谓绝顾壹虑。"《尉缭子·踵军令》曰:"遇有还者诛之。"此绝地之谓也。然而不预九地者何?九地之法皆有变,而绝地无变;故论于九地之中,而不得列其数也。或以越境为越人之国,如秦越晋伐郑者,凿也。

或问:"不知诸侯之谋,不能预交;不知山林、险阻、沮泽之形,不能行军;不用乡导,不能得地利",重言于《军争》《九地》二篇者,何也?曰:此三法者,皆行师、争利、出没、往来、迟速、先后之术也。盖军争之法,方变迂为直,后发先至之为急也;九地之利,盛言为客深入利害之为大也。非此三法,安能举哉?噫!与人争迂直之变,趋险阻之地,践敌人之生地,求不识之迷途,若非和邻国之援,为之引军;明山川、林麓、险难、阻厄、沮洳、濡泽之形而为之标表;求乡人之习熟者为之前导,则动而必迷,举而必穷。何异即鹿无虞,惟入于林,不行其野,强违其马,欲争迂直之胜,图深入之利,安能得其便乎?称之二篇,不亦旨哉!

或问:何谓"无法之赏,无政之令"?曰:治军御众,行赏之法,施令之政,盖有常理。今欲犯三军之众,使不知其利害,多方误敌,而因利制权,故赏不可以拘常法,令不可以执常政。噫!常法之赏,不足以愚众;常政之令,不足以惑人。则赏有时而不拘,令有时而不执者,将军之权。夫进有重赏,有功必赏,赏法之常也。吴子相敌,北者有赏;马隆募士,未战先赏。此无法之赏也。先庚后甲,三令五申,政令之常也。武曰:若驱群羊往来,莫知所之。李愬袭元济,初出,众请所向,曰:"东六十里止。"至张柴,诸将请所止。复曰:"入蔡州。"此无政之令也。

或问:用间使间,圣智仁义,其旨安在?曰:用间者,用间之道也。或以事，或以权，不必人也。圣者无所不通，智者深思远虑，非此圣智之明，安能坐以事权间敌哉？使间者，使人为间也。吾之与间，彼此有可疑之势；吾疑间有覆舟之祸，间疑我有害己之计。非仁恩不足以结间之心，非义断不足以决己之惑，主无疑于客，客无猜于主，而后可以出入于万死之地而图功矣。秦王使张仪相魏，数年无效，而阴厚之者，恩结间之心也。高祖使陈平用金数十万，离楚君臣；平，楚之亡虏也，吾无问其出入者，义决己之惑也。

　　或问：伊挚、吕牙，古之圣人也，岂尝为商、周之间邪？武之所称，岂非尊间之术而重之哉？曰：古之人立大事，就大业，未尝不守于正；正不获意，则未尝不假权以济道。夫事业至于用权，则何所不为哉？但处之有道，而卒反于正，则权无害于圣人之德也。盖尽在兵家名曰间，在圣人谓之权。汤不得伊挚，不能悉夏政之恶；伊挚不在夏，不能成汤之美。武不得吕牙，不能审商王之罪；吕牙不在商，不能就武之德。非此二人者，不能立顺天应人、伐罪吊民之仁义。则非为间于夏、商而何？惟其处之有道，而终归于正，故名曰权。兵家之间，流而不反，不能合道，而入诡诈之域，故名曰间。所谓以上智成大功者，真伊、吕之权也。权与间，实同而名异。

　　或问：间何以终于篇之末？曰：用兵之法，惟间为深微神妙，而不可易言也。所谓"非圣智不能用间，非微妙不能得间之实"者，难之之辞也。武始以十三篇干吴者，亦欲以其书之法，教阖闾之知兵也。教人之初，蒙昧之际，要在从易而入难，先明而后幽，本末次序而导之，使不惑也。是故始教以计量校算之法，而次及于战攻、形势、虚实、军争之术，渐至于行军、九变、地形、地名、火攻之备，诸法皆通，而后可以论间道之深矣。噫！教人之始者，务令明白易晓，而遽期之以圣智微妙之所难，则求之愈劳,而索之愈迷矣,何异王通谓不可骤而语《易》者哉？或曰:庙堂多算,非不难也,何不列之终篇也？曰:计之难者,"经之以五事,校之以七计,而索其情也"。夫敌人之情,最为难知,不可取于鬼神,不可求象于事,不可验于度,先知者必在于间。盖计待情而后校,情因间而后知,宜乎以间为深,而以计为浅也。孙武之蕴至于此,而后知十家之说不能尽矣。

序

孙星衍

黄帝《李法》、周公《司马法》已佚;太公《六韬》原本今不传。兵家言,惟《孙子》十三篇最古。古人学有所受,孙子之学,或即出于黄帝,故其书通三才五行,本之仁义,佐以权谋。其说甚正。古之名将,用之则胜,违之则败,称为兵经。比于六艺,良不愧也!

孙子为吴将兵,以三万破楚二十万,入郢、威齐晋之功归之子胥,故《春秋》传不载其名,盖功成不受官。《越绝书》称,巫门外大冢,吴王客孙武冢,是其证也。其著兵书八十二篇,图九卷,见《艺文志》;其图八陈;有苹车之陈,见《周官》郑注;有《算经》,今存;有《杂占》《六甲兵法》,见《隋志》;其与吴王问答,见于《吴越春秋》诸书者甚多;或即八十二篇之文。今惟传此十三篇者,《史记》称"阖闾有十三篇吾尽观之"之语;《七录》"《孙子兵法》三卷",《史记》正义云"十三篇为上卷,又有中下二卷",则上卷是孙子手定,见于吴王;故历代传之勿失也。

秦汉已来,用兵皆用其法。而或秘其书,不肯注以传世。魏武始为之注,云"撰为略解",谦言解其粗略。《汉官解诂》称,魏氏琐连孙武之法,则谓其捷要;杜牧疑为魏武删削者,谬也。

此本十五卷，为宋吉天保所集，见宋《艺文志》，称十家会注。十家者：一魏武，二梁孟氏，三唐李筌，四杜牧，五陈皞，六贾林，七宋梅圣俞，八王晳，九何延锡，十张预也。书中或改曹公为曹操，或以孟氏置唐人之后，或不知何延锡之名，称为何氏，或多出杜佑，而置在其孙杜牧之后；吉天保之不深究此书可知。今皆校勘更正，杜佑实未注孙子，其文即《通典》也，多与曹注同，而文较备。疑佑用曹公、王凌、孟氏诸人古注。故有"王子曰"即凌也。今或非全。注本《孙子》有王凌、张子尚、贾诩、沈友，郑本所采不足，今佚矣。

曩予游关中，读华阴岳庙《道藏》，见有此书，后有郑友贤《遗说》一卷。友贤亦见郑樵《通志》，盖宋人。又从大兴朱氏处见明人刻本，余则世无传者。

国家令甲，以《孙子》校士，所传本或多错谬，当用古本是正其文。适吴念湖太守，毕恬溪孝廉，皆为此学，所得或过于予。遂刊一编，以课武士。

孔子曰："军旅之事，未之学。"又曰："我战则克。"孔子定礼正乐，兵则五礼之一，不必以为专门之学，故云"未学"，所为圣人有所不知。或行军好谋则学之，或善将将，如伍胥之用孙子，又何必自学之？故又曰"我战则克"也。

今世泥孔子之言，以为兵书不足观；又泥"赵括徒能读父书"之言，以为成法不足用；又见兵旧有权谋，有反间，以为非圣人之法，皆不知吾儒之学者，吏之治事，习而能。然古人犹有学制之惧，兵凶战危，将不素习，未可以人命为尝试，则十三篇之不可不观也。

项梁教籍兵法，籍略知其意，不肯竟学，卒以倾覆。不知兵法之弊，可胜言哉？宋襄、徐偃，仁而败兵者危机，当用权谋；孔子犹有要盟勿信、微服过宋之时。安得妄责孙子以言之不纯哉?

　　孙子盖陈书之后,陈书见《春秋传》,称"孙书"。《姓氏书》以为景公赐姓,言非无本。又泰山新出孙夫人碑,亦云与齐同姓;史迁未及深考。吾家出乐安,真孙子之后。愧余徒读祖书,考证文字,不通方略,亦享承平之福者久也。

　　阳湖孙星衍撰

《孙子兵法》历代评鉴

《孙膑兵法》的评鉴

人们常常误将孙膑与孙武混为一谈,其实孙膑是孙武氏族的后代,生卒年月大约与孟子同时。战国时期魏国庞涓妒才恶贤,对孙膑施用了膑刑,即砍掉小腿,所以后人称其为孙膑而淡忘了他的真名。孙武和孙膑都著有兵法。

《孙膑兵法》实际上是对《孙子兵法》军事理论的最大丰富和最好补充。与《孙子兵法》务实的特点相比,《孙膑兵法》更注重军事理论的哲理性、原则性,更具抽象的理论高度和宏观的视角。所以,我们认为《孙膑兵法》的理性成分将大于《孙子兵法》。

《孙膑兵法》没有去讨论具体的古代作战条件,而是将作战原则抽象化,因此许多原则和法则就更能为当今现代化的军事战争所借鉴。有不少观点是《孙膑兵法》独创的,极有裨益。比如有下面几点:一是将所谓"义战"分解为四个层面,即最高境界是"不战而胜",其次是"义战而少兵",再次是"战争不得已",最后是"战胜之后强敌国,富天下而天下服"。它认为战争不仅是争取国家与民族的存亡,而且是传布道义的手段,这比《孙子兵法》的境界更上一层。

《管子》的评鉴

《管子》相传为春秋战国时期齐国管仲所著,今本《管子》由西汉时期刘向所编定。

《管子》中论兵法,主要写在《七法》之中。它十分赞赏《孙子兵法》中《计篇》对"五事"的强调,认为:"若夫曲制(军队、用兵)时举,不失天时,毋圹地利。……故兵也者,审于地图,谋于日官,量蓄积,齐勇士,遍知天下,审御机数,兵主之事也。"这实际上也体现了对《孙子兵法》中"知"与"战"辩证关系的运用。

管仲应当算作春秋时期具有唯物主义立场的思想家和哲学家,而孙武的兵法思想也同样具有浓郁的朴素辩证唯物主义思想,他们的共同点是在深入调查研究的基础上研究作战方案。"知彼知己"是"百战不殆"的首要条件。

《苏子》的评鉴

《苏子》,《汉书·艺文志》记载为战国时期著名的纵横家苏秦的作品。

《苏子·说齐闵王》中主要提出了一种思想,这种思想与《孙子兵法》中"不战而屈人之兵"的"善战"思想十分相似。它否定了人们一贯认为的那种不断攻克敌人城池并力图占为己有、扩大国土疆域的战争目的的范式。扩大领土对于一个国家来说是件好事,但对于人民来说,并非如此。

战争的目的在于赢得民心而不是增加百姓的怨恨,从而动摇对方政权的基础,这就是所谓"善战"的真实含义。所以苏秦说:"一国得而保之,则非国之利也。臣闻战大胜者,其士多死而兵益弱；守而不可拔者，其百姓罢而城郭露。夫士死于外，民残于内，而城郭露于境，则非王之乐也。……今穷战比胜而守必不拔，则是非徒示人以难也，又且害人者也，然则天下仇之必矣。"

苏秦也与孙武有同样的"上兵伐谋，其次伐交，其次伐兵，其下攻城"的主张，他认为："彼明君察相者，则五兵不动而诸侯从，辞让而重赂至矣。"所谓"辞让"，即指当时纵横家于诸侯国之间穿梭外交、游说结盟的工作方式，在中国古代历史上，苏秦堪称楷模，为后人效仿。

曾经听说过"马背上打天下，但马背上不能治天下"之说，孙武与苏秦的"不战而屈人之兵"的作战方案，似乎在说明"摇鹅毛扇也可以取天下"的道理。其实，"文"王的王业与"武"王的霸业各有千秋，都须因时因地而宜，不可厚此薄彼。

《尉缭子》的评鉴

《尉缭子》是中国古代著名兵书，《武经七书》之一。

《尉缭子》论兵法时十分重视一个国家的经济实力，认为城池的稳固与经济发展的关系，是"量土地肥硗而立邑。建城称地，以城称人，以人称粟，三相称，则内可以固守，外可以战胜"。这里的"称"，就是衡量的意思。

孙武认为"称"是由"数"产生的，他说："兵法：一曰度，二曰量，三曰数，四曰称，五曰胜。地生度，度生量，量生数，数生称，称生胜。"这里可以将"度""量""数""称""胜"作为对战场地形和敌我兵力的考察程序，也可以视为后方经济实力与前方战事胜负关系的反映。

《淮南子·兵略训》的评鉴

《淮南子》是西汉初淮南王刘安集门客编撰的一部哲学著作,又称《淮南鸿烈》。汉以前战乱纷纭,许多国家穷兵黩武,乐于征战,常常发生非仁义之战,相互攻击,追求物质的最大获取,争斗中以强凌弱等,都出于人的天然本性。

孙武在《孙子兵法》开篇明确指出:"兵者,国之大事,死生之地,存亡之道,不可不察也。"这一方面,《淮南子》更为明确地提出了必须为正义而战,他认为:"圣人勃然而起,乃讨强暴,平乱世,夷险除秽。以浊为清,以危为宁,故不得不中绝。"

《便宜十六策》的评鉴

《便宜十六策》为三国时蜀汉丞相诸葛亮所撰。

诸葛亮兵法思想十分强调"兵势"的力量。当时魏、蜀、吴三国鼎立,分而治之,互相谦守,凭借的就是三方力量的平衡、国力与兵势的威慑。对于双方甚至第三方"兵势"的正确估计,关键在于测算。

孙武认为"多算胜,少算不胜"。诸葛亮十分佩服《孙子兵法》中的这一主张,他认为:"工非鲁般之目,无以见其工巧;战非孙武之谋,无以出其计运。夫计谋欲密,攻敌欲疾,获若鹰击,战如河决,则兵未劳而敌自散,此用兵之势也。"计谋的出发点和最终目标都是为了"造势",这就是诸葛亮善谋的特点之一。

此外,诸葛亮十分注意君主、将帅与军师之间的协调关系。他认为"军战"不能成为"君战",军事家与政治家之间仍应根据各自的社会地位与责任有所分工,将帅与军师在君主面前更应不卑不亢。刘备的三顾茅庐充分反映诸葛亮的人格特点和人格主张。从战争的角度而言,这样更有利于将领指挥。

孙武曾说:"主不可以怒而兴师,将不可以愠而致战。"诸葛亮则进一步分析为:"喜怒之政,谓喜不应喜无喜之事,怒不应怒无怒之物,喜怒之间,必明其类。怒不犯无罪之人,喜不从可戮之士,喜怒之际,不可不详。"

孙武与诸葛亮这种避免"军战"为"君战"所代替的主张,实际上都是"慎战"的充分体现。

《长短经》的评鉴

《长短经》为唐人赵蕤所著,集前代谋略思想之大成,共分六十多个标题,全方位地阐发了中国古代的兵家谋略。

《长短经》引用《孙子兵法》甚多,而且多为"先解析、后举例"的形式。可见《长短经》可以作为《孙子兵法》的一种解读本,其可取之处在于所列古代战例十分丰富。所以,可以认为《长短经》是以《孙子兵法》为"长",以历代前贤的评析与战例为"短",长短互补而成的一部佳作。读《长短经》,可以按《孙子兵法》的线索,取战例而实证。

比如,以传统儒家思想中"礼"的原则治军,以仁爱之心去训练士兵。《长短经·教战》引用孔子的话"不教人战,是谓弃之"。即不训练士兵就让他们投入战斗,这与将士兵推向死亡没有两样。如《孙子兵法》所说:"视卒如婴儿,故可与之赴深谿;视卒如爱子,故可与之俱死。厚而不能使,爱而不能令,乱而不能治,譬若骄子,不可用也。"所以,训练士兵,使之不会盲目地应战投死,这才是真正地爱兵如子。

又如,《长短经》赞同《孙子兵法》中"攻心为上,攻城为下"的主张,认为:"圣人之伐国攻敌也,务在先服其心。何谓攻其心? 绝其所恃,是谓攻其心也。"攻心,就是打断敌人贪婪的欲望,摧毁敌人所依仗的东西。《长短经》还认为,攻心就是要以实际的利益去贿赂盟国君主的心,使他们与自己站在一起,共同对付敌人,如果不收揽他们的心,他们则可能成为敌人的盟友。

《长短经》也十分强调军队内部的团结,这是受《孙子兵法》"善用兵者,譬如率然"一句的启发。《长短经·兵权·蛇势》中直接引用了此句。如果不够团结,指挥就不能像"率然"这种山蛇一样灵活协调。

《太白阴经》的评鉴

《太白阴经》全名为《神机制敌太白阴经》,为中国古代重要兵书,唐代宗时河东节度使都虞候李筌所著。

《太白阴经》兵法思想中含有不少中国传统道家,阴阳相对、交替变化、互相作用的原则也常被引入兵法之中,尤其推崇所谓"诡道"。这是唐代李姓氏族总是将自己比作道家鼻祖李耳(老子)后的缘故。

孙武曾经认为:"兵者,诡道也。能而示之不能,用而示之不用。"所谓"诡道",在李筌看来就是"心谋"。他指出:"谋藏于心,事见于迹,心与迹同者败,心与迹异者胜","心谋大,迹示小;心谋取,迹示与;惑其真,疑其诈。而诈不决,则强弱不分"。可见,他将事迹比作阳,心谋比作阴,主张阴阳相辅,以阴为大。

《太白阴经》之名中取"阴经",可以体现出李筌偏于"工心"的喜好。

《李卫公对问》的评鉴

　　《李卫公对问》即《唐太宗李卫公对问》,中国古代著名兵书,收入宋代《武经七书》。以唐太宗李世民与卫国公李靖讨论兵法的形式编辑而成,即为两者讨论兵法言论的记录。

　　该书从探讨《孙子兵法》的"正奇"命题入手,认为:分别位于"阵地"的正兵和位于"闲地"的奇兵,两者结合则可以从"五阵"(东、南、西、北、中军)变为"八卦",即所谓"起数于五而终于八"。正奇的配用必须"临时制敌",更进一步将"正奇"与"虚实""术形""分合"等结合起来阐述,其中因情据势而"变客为主",主张"攻是守之机"(进攻是防御的转机),"守是攻之策"(防御为准备进攻的筹策),两者都是为了争取战争的主动权。

《百战奇法》的评鉴

　　《百战奇法》是一本以"分条论述"为特点的中国古代兵书,成书时间约在北宋末,明代崇祯本的《韬略世法》称该书为南宋末谢枋得所编辑。

　　《百战奇法》通过 100 个战例,分别证明了《孙子兵法》中相关原则的正确性。其战例之丰富及恰到好处,是其他兵典无法比拟的。它将战法分为 100 种,分别在《孙子兵法》中找到理论根据,又通过实战例子予以说明,应当是当时的一部军事教科书。

《权书》的评鉴

《权书》为北宋文学家苏洵所著。

《权书》系统地研究了战略战术问题。他十分强调避实击虚、以强攻弱、善用奇兵和疑兵、打速决战、突击取胜等战略战术原则,吸收了《孙子兵法》的精髓。虽然《孙子兵法》谈论最多的是进攻之法,比如"攻其无备,出其不意,此兵家之胜,不可先传也"。但是,苏洵运用了"逆向思维"的方式,反向思考"防守"的要秘在何处。这也是一种巧读兵典的好方法。攻方可以从兵典的守法上得到启发,守方也可从兵典的攻法上得到提示。

《虎钤经》的评鉴

《虎钤经》是宋代著名兵书,作者是北宋许洞。

《虎钤经》分上、中、下三个层面讨论"人谋""地利""天时",是该书的一大特点。它多次提出"先谋""夺恃""袭虚""任势""逆用古法""利在变通之机"等观点,与《孙子兵法》思想相一致。

许洞的兵法思想很有创见。突出地表现在他对《孙子兵法》中"胜兵先胜"的理解和阐发上。他称"胜兵先胜"这种先定战略再出兵交战的做法是"先定必胜之术,而后举也"。他又进一步将所谓"必胜"分解为"先务三和,次务三有余,次务三必行"。所谓"三和",即"和于国,然后可以出军;和于军然后出阵;和于阵然后出战。国不和则人心离;军不和则教令乱;阵不和则行列不整"。所以他是不赞成游兵投机取巧制胜这种做法的。

《翠微北征录》的评鉴

《翠微北征录》为南宋诗人华岳(号翠微)所著。明佘翘《华子西论》称赞华岳"论事似晁错,谙兵似孙武"。

华岳在评论《孙子兵法·论间》时,突出了他的"人才观"。他认为,所谓国运的天意在于能否留住天下英雄豪杰为我所用。"罗其英雄,则敌国自尔穷"则是对"用间"的反用。派遣优秀人才到敌国当间谍,固然可获得关键情报,但也有被敌人捕获而丧失人才的危险。

华岳的诗人思维常常反常规而逆行,他主张派遣人才不如收罗人才,收罗敌人的高级人才,自然就可以获取敌方的核心机密,这不正是在现代国际军事与政治活动中常用的手段吗?

《投笔肤谈》的评鉴

《投笔肤谈》是明代兵书,署名作者为西湖逸士,明代何守法撰音点注。

《投笔肤谈》认为:"知害之害者,知利之利。知危之危者,知安之安。知亡之亡者,知存之存。"这里的道理是必须以害推利,以危推安,以亡推存,关键是认清为什么害、危、亡。他还认为:"得胜算者,不先料敌而料己。料敌者疏,料己者密。料敌者知敌之势,料己者知己之情。"

上述两种观点分别与《孙子兵法》中"不尽知用兵之害者,则不能尽知用兵不利也"和"知彼知己,百战不殆"的道理相吻合。

《兵法》《兵迹》与《兵谋》的评鉴

《兵法》《兵迹》《兵谋》均为清代散文家魏禧所著。

《兵法》谈论《孙子兵法》中"利而诱之"时，十分大胆地主张将自己的弱点显示给敌方，用失败来试探和引诱敌人，他认为用兵的方法没有比"潜""覆""乘""衷"四种方法更好的了。"潜而袭之，覆而要之，衷而断之，乘之以奇兵，是皆诱也"。这四种方法，即偷袭敌人，拦腰阻击、分割切断和出其不意，都是以牺牲局部利益诱骗敌人深入我方为代价的。这就需要指挥者的勇气和胆识。

《兵谋》十分赞同《孙子兵法》中"善用兵者，修道而保法，故能为胜败之政"的观点，认为："何谓本？修其本以胜之是也。……曰和，曰忍，曰量，曰息，曰畏，曰信，曰同，本也。曰恃，失本也。"魏禧所称的"本"，即指孙武所说的"道"。

《治平胜算全书》的评鉴

《治平胜算全书》为清朝名将年羹尧所编著。

《治平胜算全书》的写法一般表现为：先对《孙子兵法》的有关篇章进行一番剖析，然后引出一段吴子（即吴起）与孙武的对话，以进一步说明《孙子兵法》的观点。

应当说，这是一本年羹尧读《孙子兵法》和《吴子》的心得笔记，此书最突出的文献价值在于记载了吴起与孙子的许多对话而有利于研究《孙子兵法》和《吴子》。